Sigmund Freud-Konkordanz und -Gesamtbibliographie

Zusammengestellt von
Ingeborg Meyer-Palmedo

FISCHER TASCHENBUCH VERLAG

Die Sigmund Freud-Konkordanz und -Gesamtbibliographie
erschien ursprünglich im Zusammenhang
mit der Freud-Studienausgabe im Rahmen der S. Fischer-Reihe
CONDITIO HUMANA
ERGEBNISSE AUS DEN WISSENSCHAFTEN VOM MENSCHEN
Der vorliegende Abdruck übernimmt in korrigierter Fassung den Text
der dritten Auflage.

Ungekürzte Ausgabe
Fischer Taschenbuch Verlag
April 1982
Fischer Taschenbuch Verlag GmbH, Frankfurt am Main
Lizenzausgabe mit freundlicher Genehmigung
des S. Fischer Verlages GmbH, Frankfurt am Main

Umschlaggestaltung: Mendell & Oberer
Satz: Laupp & Göbel, Tübingen
Druck und Bindung: Clausen & Bosse, Leck
Printed in Germany
1280-ISBN 3-596-27312-9

INHALT

Sigmund Freud-Konkordanz

Sigmund Freud-Gesamtbibliographie

Sigmund Freud-Konkordanz

ERLÄUTERUNGEN ZUM AUFBAU

Der Seitenvergleich zwischen den *Gesammelten Werken,* der *Studienausgabe* und der *Standard Edition* bezieht sich auf die Freud-Texte sowie einige editorische Vorbemerkungen und Anhänge.

Die Jahreszahlen mit Kursivbuchstaben entsprechen der im zweiten Teil der vorliegenden Broschüre abgedruckten Gesamtbibliographie. Bandnummern sind halbfett gedruckt. Kursiv gesetzte Ziffern bedeuten römische Paginierungen.

In Tabelle I wird von jeder Seite der *Gesammelten Werke* auf die entsprechende Seite der *Studienausgabe* bzw. der *Standard Edition* verwiesen. Dabei können die Seitenzahlen der *Studienausgabe* und der *Standard Edition* bis zu einer halben Seite vor- oder nachlaufend von denen der *Gesammelten Werke* abweichen. Leerstellen kennzeichnen, daß entsprechende Texte nicht in den betreffenden Ausgaben enthalten sind. Befindet sich ein Strich zwischen zwei Ziffern einer im übrigen fortlaufenden Zahlenkolumne, so bedeutet dies, daß der Text der entsprechenden Seite der *Gesammelten Werke* sich etwa gleichmäßig auf die vor bzw. nach dem Strich genannten Seiten verteilt, auf jeder dieser Seiten aber höchstens bis zu einer halben Seite läuft.

Tabelle I ist Seite für Seite vollständig ausgedruckt. Tabelle II enthält die Seitenverweise von der *Studienausgabe* auf die *Gesammelten Werke,* Tabelle III diejenigen von der *Standard Edition* auf die *Gesammelten Werke;* beide Tabellen erscheinen in abgekürzter Form, sie geben nur die ersten und letzten Seitenzahlen der jeweiligen Arbeit an; da sich die Reihenfolge immer nach den Bandnummern richtet, können diese beiden Tabellen leicht in Verbindung mit Tabelle I benutzt werden. Tabelle IV führt diejenigen Schriften auf, die zwar in der *Standard Edition* und in der *Studienausgabe,* nicht aber in den *Gesammelten Werken* enthalten sind.

Die Seitenvergleiche zwischen den *Gesammelten Werken* und der *Standard Edition* basieren auf dem ›Pagination Converter Relating the *Gesammelte Werke* to the *Standard Edition of the Complete Psychological Works of Sigmund Freud*‹, zusammengestellt von George H. Klumpner, M.D., und Ernest S. Wolf, M.D., Chicago Psychoanalytic Indexing Research Group, Oak Park, Illinois, veröffentlicht im *International Journal of Psycho-Analysis,* 1971, Bd. 52, S. 207ff. Sofern eine Arbeit nicht in der *Studienausgabe* enthalten ist, wurden die Seitenangaben des Converters unverändert übernommen, im übrigen nötigenfalls geringfügig angeglichen. Wir danken der Indexing Research Group der American Psychoanalytic Association und dem *Journal of Psycho-Analysis,* London, für die freundliche Genehmigung zur Verwendung jener Teile.

Abkürzungen:

G.W. Sigmund Freud, *Gesammelte Werke* (18 Bände), Bände 1–17 London, 1940–52, Band 18 Frankfurt am Main, 1968. Die ganze Edition seit 1960 beim S. Fischer Verlag, Frankfurt am Main.

Stud. Sigmund Freud, *Studienausgabe* (10 Bände plus unnumerierter Ergänzungsband), S. Fischer Verlag, Frankfurt am Main, 1969–75.

S.E. *The Standard Edition of the Complete Psychological Works of Sigmund Freud* (24 Bände), The Institute of Psycho-Analysis, The Hogarth Press, London, 1953–74.

Erg. Unnumerierter Ergänzungsband zur Sigmund Freud *Studienausgabe: ›Schriften zur Behandlungstechnik‹*, S. Fischer Verlag, Frankfurt am Main, 1975.

Seitenvergleiche
zwischen den *Gesammelten Werken*, der *Studienausgabe* und der *Standard Edition*

TABELLE I

ausgehend von den *Gesammelten Werken*

(Die Reihenfolge richtet sich nach den Bandnummern und Seitenzahlen der *Gesammelten Werke*.)

G.W.	*Stud.*	*S.E.*
	1892–93	
1	—	**1**
3		117
4		—
5		118
6		119
7		120
8		—
9		121
10		122
11		123
12		124
13		125
14		126
15		127
16		128
17		—
	1893*f*	
1	—	**3**
21		11
22		12
23		13
24		14
25		15
26		—
27		16
28		17
29		18
30		19
31		20
32		21
33		22
34		—
35		23

G.W.	*Stud.*	*S.E.*
	1893*c*	
1	—	**1**
39		160
40		—
41		161
42		162
43		163
44		—
45		164
46		165
47		166
48		—
49		167
50		168
51		169
52		170
53		171
54		172
55		—
	1894*a*	
1	—	**3**
59		45
60		46
61		47
62		48
63		49
64		50
65		51
66		52
67		53
68		54
69		55
70		56
71		57
72		58
73		59

G.W.	*Stud.*	*S.E.*
1	—	**3**
74		60
—		61
	1895*d*	
1	Erg.	**2**
75	37	7
	39	*9*
	40	*10*
	41	*11*
	—	*12*
	42	*13*
	43	*14*
	44	*15*
	44	*16*
	46	*16*
	47	*17*
	48	*18*
		19
		20
	44	*21*
	44	*22*
		23
		24
	45	*25*
	46	*26*
		27
		28
77		*29*
78		*30*
79		*31*
80		—
	1893*a*	
1	—	**2**
81		3
82		4

G.W.	*Stud.*	*S.E.*
1	—	**2**
83		5
84		6
85		—
86		7
87		8
88		9
89		10
90		11
91		12
92		13
93		14
94		—
95		15
96		16
97		17
98		—
	1895*d*	
1	Erg.	**2**
99		48
100		49
101		—
102		50
103		51
104		52
105		53
106		54
107		55
108		56
109		57
110		58
111		—
112		59
113		60
114		61
115		62
116		63
117		64
118		—
119		65
120		66
—		67
121		68
122		69
123		70
124		71
125		72

G.W.	*Stud.*	*S.E.*
1	Erg.	**2**
126		73
127		74
128		75
129		76
130		77
131		78
132		—
133		79
134		80
135		81
136		82
137		—
138		83
139		84
140		85
141		86
142		—
143		87
144		88
145		89
146		90
147		91
148		92
149		93
150		94
151		95
152		96
153		97
154		98
155		99
156		100
157		101
158		—
159		102
160		103
161		104
162		105
163		106
164		107
165		108
166		109
167		—
168		110
169		111
170		112
171		113
172		114
173		115

G.W.	*Stud.*	*S.E.*
1	Erg.	**2**
174		116
175		117
176		118
177		119
178		—
179		120
180		121
181		122
182		123
183		124
184		125
185		—
186		126
187		127
188		128
189		129
190		130
191		131
192		—
193		132
194		133
195		134
196		135
197		—
198		136
199		137
200		138
201		139
202		140
203		141
204		142
205		—
206		143
207		144
208		145
209		146
210		—
211		147
212		148
213		149
214		150
215		151
216		—
217		152
218		153
219		154
220		155
221		156

G.W.	*Stud.*	*S.E.*
1	Erg.	**2**
222		157
223		—
224		158
225		159
226		160
227		161
228		162
229		—
230		163
231		164
232		165
233		166
234		167
235		168
236		—
237		169
238		170
239		171
240		172
241		173
242		174
243		—
244		175
245		176
246		177
247		178
248		179
249		180
250		181
251		—
252	49	255
253	50	256
254	—	257
255	51	—
256	52	258
257	53	259
258	54	260
259	55	261
260	—	—
261	56	262
262	57	263
263	58	264
264	59	265
265	60	266
266	61	267
267	—	—
268	62	268
269	63	269

G.W.	*Stud.*	*S.E.*
1	Erg.	**2**
270	64	270
271	65	271
272	66	272
273	—	273
274	67	274
275	68	—
276	69	275
277	—	276
278	70	—
279	71	277
280	72	278
281	—	279
282	73	280
283	74	281
284	75	—
285	—	282
286	76	283
287	77	284
288	78	285
289	79	286
290	80	—
291	—	287
292	81	288
293	82	289
294	83	290
295	—	291
296	84	—
297	85	292
298	86	293
299	87	294
300	—	295
301	88	296
302	89	297
303	90	—
304	91	298
305	—	299
306	92	300
307	93	301
308	94	302
309	95	303
310	—	304
311	96	305
312	97	—

G.W.	*Stud.*	*S.E.*
	1895*b*	
1	**6**	**3**
313	25	85
	26	87
	26	88
	26	89
315	27	90
316	—	91
317	28	92
318	29	93
319	30	94
320	31	95
321	32	—
322	33	96
323	—	97
324	34	98
325	35	99
326	36	100
327	37	101
328	38	102
329	—	103
330	39	104
331	40	105
332	41	106
333	42	107
334	43	108
335	—	109
336	44	110
337	45	111
338	46	112
339	47	113
340	48	114
341	—	115
342	49	—

	1895*c*	
1	—	**3**
345		74
346		75
347		76
348		77
349		78
350		79
351		80
352		81
353		82

G.W.	*Stud.*	*S.E.*
	1895*f*	
1	—	**3**
357		123
358		124
359		125
360		—
361		126
362		127
363		—
364		128
365		129
366		130
367		131
368		132
369		133
370		134
371		135
372		136
373		137
374		138
375		139
376		—
	1896*b*	
1	—	**3**
379		162
380		163
381		164
382		165
383		166
384		167
385		168
386		169
387		170
388		171
389		172
390		173
391		174
392		175
393		176
394		177
395		178
396		179
397		180
398		181
399		182
400		183
401		—

G.W.	*Stud.*	*S.E.*
1	—	**3**
402		184
403		185
	1896*a*	
1	—	**3**
407		143
408		144
409		145
410		146
411		147
412		—
413		148
414		149
415		150
416		151
417		152
418		153
419		154
420		155
421		156
422		—
	1896*c*	
1	**6**	**3**
423	51	187
	52	189
	52	190
425	53	191
426	54	192
427	—	193
428	55	—
429	56	194
430	57	195
431	58	196
432	—	197
433	59	198
434	60	199
435	61	200
436	62	—
437	63	201
438	—	202
439	64	203
440	65	204
441	66	205
442	67	206
443	68	207

G.W.	*Stud.*	*S.E.*
1	**6**	**3**
444	—	—
445	69	208
446	70	209
447	71	210
448	72	211
449	73	212
450	—	213
451	74	214
452	75	215
453	76	—
454	77	216
455	—	217
456	78	218
457	79	219
458	80	220
459	81	221
	1897*b*	
1	—	**3**
463		227
464		228
465		229
—		230
466		231
—		232
—		233
467		234
468		235
469		236
470		237
471		238
—		239
472		240
473		241
474		242
475		243
476		244
477		245
478		246
479		247
480		248
481		249
482		250
483		251
484		252
485		253
486		254

G.W.	*Stud.*	*S.E.*
1	—	**3**
487		255
488		256

1898*a*

G.W.	*Stud.*	*S.E.*
1	**5**	**3**
489	11	259
	13	261
	13	262
491	15	263
492	—	—
493	16	264
494	17	265
495	18	266
496	—	267
497	19	268
498	20	269
499	21	270
500	22	—
501	23	271
502	24	272
503	—	273
504	25	274
505	26	275
506	27	276
507	28	277
508	29	278
509	—	279
510	30	280
511	31	281
512	32	282
513	33	—
514	—	283
515	34	284
516	35	285

1898*b*

G.W.	*Stud.*	*S.E.*
1	—	**3**
519		289
520		290
521		291
522		292
523		293
524		294
525		295
526		296
527		297

1899*a*

G.W.	*Stud.*	*S.E.*
1	—	**3**
531		303
532		—
533		304
534		305
535		306
536		307
537		308
538		309
539		—
540		310
541		311
542		312
543		313
544		314
545		315
546		316
547		—
548		317
549		318
550		319
551		320
552		321
553		322
554		—

1906*b*

G.W.	*Stud.*	*S.E.*
1	—	**3**
557		5
558		6

1925*i*

G.W.	*Stud.*	*S.E.*
1	—	**19**
561		127
562		128
563		129
564		130
565		131
566		132
567		133
568		134
569		135
570		136
571		137
572		—
573		138

1900*a*

G.W.	*Stud.*	*S.E.*
2/3	**2**	**4**
5	11	*9*
6	11	*9*
	13	*11*
	13	*12*
	14	*13*
	16	*14*
	16	*15*
	17	*16*
	17	*17*
	18	*18*
	—	*19*
	19	*20*
	15	*21*
	—	*22*
7	21	*23*
8	22	*24*
9	23	*25*
10	24	*26*
11	25	*27*
12	26	*28*
13	—	*29*
14	27	*30*
15	28	*31*
1	29	1
2	30	2
3	—	3
4	31	4
5	32	5
6	33	6
7	34	7
8	35	8
9	36	9
10	37	10
11	38	11
12	39	12
13	40	13
14	41	14
15	—	15
16	42	16
17	43	—
18	44	17
19	45	18
20	46	19
21	47	20
22	—	21
23	48	22

G.W.	*Stud.*	*S.E.*	*G.W.*	*Stud.*	*S.E.*	*G.W.*	*Stud.*	*S.E.*
2/3	**2**	**4**	**2/3**	**2**	**4**	**2/3**	**2**	**4**
24	49	23	72	91	69	118	133	113
25	50	24	73	92	—	119	—	114
26	51	25	74	—	70	120	134	115
27	52	26	75	93	71	121	135	116
28	53	27	76	94	72	122	136	117
29	—	28	77	95	73	123	137	118
30	54	—	—	96	—	124	138	119
31	55	29	78	97	74	125	139	120
32	56	30	79	98	75	126	140	121
33	57	31	80	—	76	127	141	122
34	—	32	81	99	77	128	142	123
35	58	33	82	100	78	129	143	124
36	59	34	83	101	79	130	—	125
37	60	—	84	102	80	131	144	126
38	61	35	85	103	81	132	145	127
39	62	36	86	104	82	133	146	128
40	—	37	87	—	83	134	147	129
41	63	38	88	105	84	135	148	130
42	64	39	89	106	85	136	149	131
43	65	40	90	107	86	137	150	132
44	66	41	91	108	87	138	150	133
45	67	42	92	109	88	139	151	134
46	68	43	93	110	89	140	152	135
47	69	44	94	111	90	141	153	136
48	70	45	95	—	91	142	—	137
49	71	46	96	112	92	143	154	138
50	72	47	97	113	93	144	155	139
51	—	48	97	114	—	145	156	140
52	73	49	98	115	94	146	157	141
53	74	50	99	116	95	147	158	142
54	75	51	100	117	96	148	159	143
55	76	52	101	—	—	149	160	144
56	—	53	102	118	97	150	—	145
57	77	54	103	119	98	151	161	146
58	78	55	104	120	99	152	162	—
59	79	56	105	121	100	153	163	147
60	80	57	106	122	101	154	164	148
61	81	58	107	123	102	155	165	149
62	82	59	108	124	103	156	166	150
63	—	60	109	—	104	157	167	151
64	83	61	110	125	105	158	168	152
65	84	62	111	126	106	159	169	153
66	85	63	112	127	107	160	170	154
67	86	64	113	128	108	161	—	155
68	87	65	114	129	109	162	171	156
69	88	66	115	130	110	163	172	157
70	89	67	116	131	111	164	173	158
71	90	68	117	132	112	165	174	159

G.W.	*Stud.*	*S.E.*	*G.W.*	*Stud.*	*S.E.*	*G.W.*	*Stud.*	*S.E.*
2/3	**2**	**4**	**2/3**	**2**	**4**	**2/3**	**2**	**4**
166	175	160	213	217	207	260	259	254
167	176	161	214	218	208	261	260	255
168	176	162	215	219	209	262	261	256
169	177	163	216	220	210	263	262	257
170	178	164	217	221	211	264	—	258
171	179	165	218	222	212	265	263	259
172	180	166	219	223	213	266	264	260
—	—	167	220	—	214	267	265	261
173	181	168	221	224	215	268	266	262
174	182	169	—	—	216	269	267	263
175	183	170	222	225	217	270	268	264
176	184	—	223	226	218	271	269	—
177	185	171	224	227	219	272	—	265
178	—	172	225	228	220	273	270	266
179	186	173	226	229	221	274	271	267
180	187	174	227	230	222	275	272	268
181	188	175	228	—	223	276	273	269
182	189	176	229	231	224	277	274	270
183	190	177	230	232	225	278	275	271
184	191	178	231	233	226	279	276	272
185	192	179	232	234	227	280	277	273
186	—	180	233	235	228	281	278	274
187	193	181	234	236	229	—	—	275
188	194	182	235	—	230	282	279	276
189	195	183	236	237	231	283	280	277
190	196	184	237	238	232	284	281	278
191	197	185	238	239	233	285	282	279
192	198	186	239	240	234	286	283	280
193	199	187	240	241	235	287	284	281
194	200	188	241	242	236	288	285	282
195	201	189	242	243	237	289	286	283
196	202	190	243	244	238	290	—	284
197	203	191	244	—	239	291	287	285
198	204	192	245	245	240	292	288	286
199	205	193	246	246	241	293	289	287
200	—	194	247	247	242	294	290	288
201	206	195	248	248	243	295	291	289
202	207	196	249	249	244	296	292	290
203	208	197	250	250	245	297	293	291
204	209	198	251	251	246	298	294	292
205	210	199	252	252	247	299	—	293
206	211	200	253	253	248	300	295	294
207	212	201	254	254	249	301	296	295
208	—	202	255	255	250	302	297	296
209	213	203	256	—	251	303	298	297
210	214	204	257	256	252	304	299	298
211	215	205	258	257	—	305	300	299
212	216	206	259	258	253	306	301	300

G.W.	Stud.	S.E.
2/3	**2**	**4**
307	302	301
—	—	302
308	303	303
309	304	304
310	305	305
311	—	306
312	306	307
313	307	308
314	308	309
315	309	310
316	310	311
317	311	312
318	—	313
319	312	314
320	313	315
321	314	316
322	315	317
323	316	318
324	317	319
325	318	320
326	319	321
327	320	322
328	—	323
329	321	324
330	322	325
331	323	326
332	324	327
333	325	328
334	326	329
335	327	330
336	—	331
337	328	332
338	329	333
339	330	334
340	331	335
341	332	336
342	333	337
343	334	338

1900*a*
(Forts.)

2/3	**2**	**5**
344	335	339
345	—	340
346	336	341
347	337	342

G.W.	Stud.	S.E.
2/3	**2**	**5**
348	338	343
349	339	344
350	340	345
351	341	346
352	342	347
353	343	348
354	344	349
355	345	350
356	346	351
357	347	352
358	348	353
359	349	354
360	—	355
361	350	356
362	351	357
363	352	358
364	353	359
365	354	360
366	355	361
367	356	362
368	357	363
369	358	364
370	359	365
371	360	366
372	361	367
373	362	368
374	363	369
375	364	370
376	365	371
377	366	372
378	367	373
379	368	374
380	—	375
381	369	376
382	370	377
383	371	378
384	372	379
385	373	380
386	374	381
387	—	382
388	375	383
389	376	384
390	377	385
391	378	386
392	379	387
393	380	388
394	381	389
395	382	390

G.W.	Stud.	S.E.
2/3	**2**	**5**
396	383	391
397	—	392
398	384	393
399	385	394
400	386	395
401	387	396
402	388	397
403	389	398
404	390	399
405	391	400
406	392	401
407	—	402
408	393	403
409	394	404
410	395	405
411	396	406
412	397	407
—	—	408
413	398	409
414	399	410
415	400	411
416	401	412
417	402	413
418	403	414
—	—	415
419	404	416
420	405	417
421	406	418
422	407	419
423	408	420
424	409	421
425	410	422
426	—	423
427	411	424
—	—	425
428	413	426
429	414	427
430	—	428
431	415	429
432	416	430
433	417	431
434	418	432
435	419	433
436	420	434
437	421	435
438	422	436
439	—	437
440	423	438

G.W.	*Stud.*	*S.E.*	*G.W.*	*Stud.*	*S.E.*	*G.W.*	*Stud.*	*S.E.*
2/3	**2**	**5**	**2/3**	**2**	**5**	**2/3**	**2**	**5**
441	424	439	489	467	485	536	508	531
442	425	440	490	468	486	537	509	532
443	426	441	491	469	487	538	510	533
444	427	442	492	470	488	539	511	534
445	428	443	493	471	489	540	512	535
446	429	444	494	—	490	541	—	536
447	—	445	495	472	491	542	513	537
448	430	446	496	473	492	543	514	538
449	431	447	497	474	493	544	515	539
450	432	448	498	475	494	545	516	540
451	433	449	499	476	495	546	517	541
452	434	450	500	477	496	547	518	542
453	435	451	501	—	—	548	519	543
454	436	—	502	478	497	549	520	544
455	—	452	503	479	498	550	—	545
456	437	453	—	--	499	551	521	546
457	438	454	504	480	500	552	522	—
458	439	455	505	481	501	553	523	547
459	440	456	506	482	502	554	524	548
460	441	457	507	483	503	555	525	549
461	442	458	508	484	504	556	—	550
462	443	459	509	485	505	557	526	551
463	444	460	510	—	506	558	527	552
464	445	461	511	486	507	559	528	553
465	446	462	512	487	508	560	529	554
466	447	463	513	488	509	561	530	555
467	448	464	514	489	510	562	531	556
468	—	465	515	490	511	563	—	557
469	449	466	516	—	512	564	532	558
470	450	467	517	491	513	565	533	559
471	451	468	518	492	514	566	534	560
472	452	469	519	493	515	567	535	561
473	453	470	520	494	516	568	536	562
474	454	471	521	495	—	569	537	563
475	—	472	522	496	517	570	538	564
476	455	473	523	497	518	571	539	565
477	456	474	524	498	519	572	540	566
478	457	—	525	—	520	573	541	567
479	458	475	526	499	521	574	—	568
480	459	476	527	500	522	575	542	569
481	460	477	528	501	523	576	543	570
482	461	478	529	502	524	577	544	571
483	462	479	530	503	525	578	545	572
484	—	480	531	504	526	579	546	573
485	463	481	532	505	527	580	547	574
486	464	482	533	506	528	581	548	575
487	465	483	534	506	529	582	549	576
488	466	484	535	507	530	583	550	577

G.W.	*Stud.*	*S.E.*
2/3	**2**	**5**
584	—	578
585	551	579
586	552	580
587	553	581
588	554	582
589	555	583
590	556	584
591	—	585
592	557	586
—	—	587
593	559	588
594	—	589
595	560	590
596	561	591
597	562	592
598	563	593
599	564	594
600	565	595
601	566	596
602	—	—
603	567	597
604	568	598
605	569	599
606	570	600
607	571	601
608	572	602
609	573	603
610	—	604
611	574	605
—	—	606
612	575	607
613	576	608
614	577	609
615	578	610
616	579	611
617	580	612
618	581	613
619	582	614
620	—	615
621	583	616
622	584	617
623	585	618
624	586	619
625	587	620
626	588	621
	591	626
	591	627

1901*a*

G.W.	*Stud.*	*S.E.*
2/3	—	**5**
645		633
646		634
647		635
648		—
649		636
650		637
651		638
652		639
653		640
654		641
655		642
656		643
657		644
658		645
659		646
660		647
661		648
662		649
663		650
664		651
665		652
666		653
667		654
668		655
669		656
670		657
671		658
672		659
673		660
674		661
675		662
676		663
677		664
678		665
679		666
680		667
681		668
682		669
683		670
684		671
685		672
686		673
687		674
688		675
689		676
690		677

G.W.	*Stud.*	*S.E.*
2/3	—	**5**
691		678
692		679
693		680
694		—
695		681
696		682
697		683
698		684
699		685
700		686

1901*b*

G.W.	*Stud.*	*S.E.*
4	—	**6**
5		1
6		2
7		3
8		—
9		4
10		5
11		6
12		7
13		8
14		9
15		10
16		11
17		12
18		13
19		14
20		—
21		15
22		16
23		17
24		18
25		19
26		20
27		21
28		22
29		23
30		24
31		25
32		26
33		27
34		28
35		—
36		29
37		30
38		31

G.W.	*Stud.*	*S.E.*	*G.W.*	*Stud.*	*S.E.*	*G.W.*	*Stud.*	*S.E.*
4	—	**6**	**4**	—	**6**	**4**	—	**6**
39		32	87		77	134		—
40		33	88		78	135		122
41		34	89		79	136		123
42		35	90		80	137		124
43		—	91		81	138		125
44		36	—		82	139		126
45		37	92		83	140		127
46		38	93		84	141		128
47		39	94		85	142		129
48		40	95		86	143		130
49		41	96		87	144		131
50		42	97		88	145		132
51		43	98		89	146		133
52		44	99		90	147		—
53		45	100		—	148		134
54		46	101		91	149		135
55		47	102		92	150		136
56		48	103		93	151		137
57		49	104		94	152		—
58		50	105		95	153		138
59		51	106		96	154		139
60		52	107		97	155		140
61		53	108		—	156		141
62		54	109		98	157		142
63		55	110		99	158		143
64		56	111		100	159		144
65		57	112		101	160		145
66		58	113		102	161		146
67		—	114		103	162		—
68		59	115		104	163		147
69		60	116		105	164		148
70		61	117		—	165		149
71		62	118		106	166		150
72		63	119		107	167		—
73		64	120		108	168		151
74		65	121		109	169		152
75		66	122		110	170		153
76		67	123		111	171		154
77		68	124		112	172		155
78		69	125		113	173		156
79		70	126		114	174		157
80		71	127		115	175		158
81		72	128		116	176		159
82		73	129		117	177		160
83		—	130		118	178		161
84		74	131		119	179		162
85		75	132		120	180		163
86		76	133		121	181		164

G.W.	*Stud.*	*S.E.*
4	**—**	**6**
182		165
183		—
184		166
185		167
186		168
187		169
188		170
189		171
190		172
191		—
192		173
193		174
194		175
195		176
196		177
197		178
198		179
199		180
200		—
201		181
202		182
203		183
204		184
205		185
206		186
207		187
208		188
209		—
210		189
211		190
212		191
213		192
214		193
215		194
216		—
217		195
218		196
219		197
220		198
221		—
222		199
223		200
224		201
225		202
226		203
227		204
228		—
229		205

G.W.	*Stud.*	*S.E.*
4	**—**	**6**
230		206
231		207
232		208
233		209
234		210
235		211
236		212
237		—
238		213
239		214
240		215
241		216
242		217
243		218
244		219
245		220
246		—
247		221
248		222
249		223
250		224
251		225
252		226
253		227
254		228
255		229
256		230
257		231
258		232
259		—
260		233
261		234
262		235
263		236
264		237
265		238
266		—
267		239
268		240
269		241
270		242
271		—
272		243
273		244
274		245
275		246
276		247
277		248

G.W.	*Stud.*	*S.E.*
4	**—**	**6**
278		249
279		250
280		251
281		252
282		253
283		254
284		255
285		256
286		257
287		258
288		259
289		260
290		261
291		262
292		263
293		264
294		265
295		266
296		—
297		267
298		268
299		269
300		270
301		271
302		272
303		273
304		274
305		275
306		276
307		—
308		277
309		278
310		279

1904*a*

5	Erg.	**7**
1	99	247
	100	248
3	101	249
4	102	—
5	—	250
6	103	251
7	104	252
8	105	253
9	106	254
10	106	—

G.W.	*Stud.*	*S.E.*
	1905*a*	
5	Erg.	**7**
11	107	255
	108	256
13	109	257
14	110	258
15	—	259
16	111	—
17	112	260
18	113	261
19	114	262
20	115	263
21	—	—
22	116	264
23	117	265
24	118	266
25	—	267
26	119	268
	1905*d*	
5	**5**	**7**
27	37	123
	39	125
	—	126
	40	127
	41	128
	42	129
29	43	130
30	44	131
—	—	132
31	45	133
32	46	134
33	47	135
34	48	136
35	—	137
36	49	138
37	50	—
38	51	139
39	52	140
40	53	141
41	—	142
42	54	143
43	55	144
44	56	145
45	57	146
46	58	147
47	59	148

G.W.	*Stud.*	*S.E.*
5	**5**	**7**
48	—	149
49	60	150
50	61	151
51	62	152
52	63	153
53	64	154
54	65	155
55	66	156
56	67	157
57	—	158
58	68	159
59	69	160
60	70	161
61	71	162
62	72	163
63	73	164
64	—	165
65	74	166
66	75	167
67	76	—
68	77	168
69	78	169
70	79	170
71	80	171
72	80	172
73	81	173
74	—	174
75	82	175
76	83	176
77	84	177
78	85	178
79	86	179
80	—	—
81	87	180
82	88	181
83	89	182
84	90	183
85	91	184
86	92	185
87	93	186
88	94	187
89	95	188
90	96	189
91	—	190
—	—	191
92	97	192
93	98	193
94	99	194

G.W.	*Stud.*	*S.E.*
5	**5**	**7**
95	100	195
96	101	196
97	102	197
98	103	198
99	104	199
100	—	200
101	105	—
102	106	201
103	107	202
104	108	203
105	109	204
106	110	205
107	111	206
108	112	207
109	113	208
110	114	209
111	—	210
112	115	—
113	116	211
114	117	212
115	118	213
116	119	214
117	120	215
—	—	216
118	121	217
119	122	218
120	123	219
121	123	220
122	124	221
123	125	222
124	126	223
125	127	224
126	128	225
127	129	226
128	130	227
129	131	228
130	—	229
131	132	230
—	133	—
132	134	231
133	135	232
134	—	—
135	136	233
136	137	234
137	138	235
138	139	236
139	140	237
140	—	238

G.W.	*Stud.*	*S.E.*
5	**5**	**7**
141	141	239
142	142	240
143	143	241
144	144	242
145	145	243

1906*a*

5	**5**	**7**
147	147	269
	148	270
149	149	271
150	—	—
151	150	272
152	151	273
153	152	274
154	153	275
155	154	276
156	—	277
157	155	278
158	156	279
159	157	—

1905*e*

G.W.	*Stud.*	*S.E.*
5	**6**	**7**
161	83	1
	84	3
	85	4
	85	5
	86	6
163	87	7
164	88	8
165	—	9
166	89	—
167	90	10
168	91	11
169	—	12
170	92	13
171	93	14
172	94	15
173	95	16
174	—	17
175	96	—
176	97	18
177	98	19
178	99	20
179	—	21
180	100	22
181	101	23
182	102	24
183	103	25
184	—	26
185	104	27
186	105	28
187	106	29
188	107	30
189	108	31
190	—	32
191	109	33
192	110	—
193	111	34
194	112	35
195	—	36
196	113	37
197	114	38
198	115	39
199	116	40
200	—	41
201	117	—
202	118	42
203	119	43
204	120	44
205	121	45
206	—	46
207	122	47
208	123	48
209	124	49
210	125	50
211	—	51
212	126	52
213	127	53
214	128	54
215	129	55
216	—	56
217	130	57
218	131	58
219	132	59
220	133	60
221	—	61
222	134	62
223	135	63
224	135	—
225	136	64
226	—	65
227	137	66
228	138	67
229	139	68
230	140	69
231	—	70
232	141	71
233	142	—
234	143	72
235	144	73
236	—	74
237	145	75
238	146	76
239	147	77
240	—	—
241	148	78
242	149	79
243	150	80
244	151	81
245	—	82
246	152	83
247	153	84
248	154	85
249	155	86
250	—	87
251	156	88
252	157	89
253	158	90
—	—	91
254	159	92
255	160	93
255	161	93
256	162	94
257	163	95
258	—	96
259	164	97
260	165	98
261	166	99
262	167	100
263	—	—
264	168	101
265	169	102
266	170	103
267	—	104
268	171	105
269	172	106
270	173	107
271	174	108
272	—	109
273	175	110

G.W.	*Stud.*	*S.E.*
5	**6**	**7**
274	176	111
275	177	—
276	178	112
277	—	113
278	179	114
279	180	115
280	181	116
281	—	117
282	182	118
283	183	119
284	184	120
285	185	121
286	186	122
	1890*a*	
5	Erg.	**7**
287	13	281
	14	282
	15	—
	16	—
289	17	283
290	—	—
291	18	284
292	19	285
293	20	286
294	—	—
295	21	287
296	22	288
297	23	—
298	—	289
299	24	290
300	25	291
301	—	—
302	26	292
303	27	293
304	28	294
305	—	—
306	29	295
307	30	296
308	—	297
309	31	298
310	32	—
311	33	299
312	—	300
313	34	—
314	35	301
315	35	302

G.W.	*Stud.*	*S.E.*
	1905*c*	
6	**4**	**8**
1	9	1
	10	3
	10	4
	11	5
	11	6
	—	7
	—	8
3	13	9
5	13	9
6	14	10
7	—	—
8	15	11
9	16	12
10	17	13
11	18	14
12	—	15
13	19	—
14	20	16
15	21	17
16	—	—
17	22	18
18	23	19
19	24	20
20	—	21
21	25	22
22	26	23
23	27	24
24	28	25
25	—	26
26	29	27
27	30	—
28	31	28
29	32	29
30	—	30
31	33	31
32	34	32
33	35	33
34	36	34
35	37	35
36	—	36
37	38	37
38	39	38
39	40	39
40	41	40
41	—	—
42	42	41

G.W.	*Stud.*	*S.E.*
6	**4**	**8**
43	43	42
44	44	43
45	45	44
46	46	45
47	—	46
48	47	47
49	48	48
50	49	49
51	50	—
52	—	50
53	51	51
54	52	52
55	53	53
56	—	54
57	54	55
58	55	—
59	56	56
60	57	57
61	—	58
62	58	59
63	59	60
64	60	61
65	61	62
66	—	—
67	62	63
68	63	64
69	64	65
70	—	66
71	65	67
72	66	68
73	67	69
74	68	70
75	—	—
76	69	71
77	70	72
78	71	73
79	72	74
80	—	75
81	73	76
82	74	—
83	75	77
84	76	78
85	77	79
86	—	80
87	78	81
88	79	82
89	80	—
90	81	83

G.W.	*Stud.*	*S.E.*	*G.W.*	*Stud.*	*S.E.*	*G.W.*	*Stud.*	*S.E*
6	**4**	**8**	**6**	**4**	**8**	**6**	**4**	**8**
91	—	84	139	—	124	187	—	164
92	82	85	140	118	125	188	154	165
93	83	86	141	119	126	189	155	166
94	84	87	142	120	—	190	156	—
95	85	88	143	121	127	191	157	167
96	85	89	144	122	128	192	—	168
97	86	90	145	—	129	193	158	169
98	—	91	146	123	130	194	159	170
99	87	92	147	124	131	195	160	171
100	88	—	148	125	132	196	161	—
101	89	93	149	126	133	197	—	172
102	90	94	150	—	134	198	162	173
103	—	95	151	127	135	199	163	174
104	91	96	152	128	136	200	164	175
105	92	97	153	129	137	201	165	176
106	93	—	154	130	138	202	166	177
107	—	98	155	131	139	203	—	178
108	94	99	156	132	—	204	167	179
109	95	100	157	—	140	205	168	180
110	96	101	158	133	141	206	169	—
111	97	—	159	134	142	207	—	181
112	—	102	160	135	143	208	170	182
113	98	103	161	136	144	209	171	183
114	99	104	162	—	145	210	172	184
115	100	105	163	137	146	211	173	185
116	—	106	164	138	147	212	—	186
117	101	107	165	139	148	213	174	187
118	102	—	166	140	—	214	175	188
119	103	108	167	—	149	215	176	189
120	104	109	168	141	150	216	—	190
121	—	110	169	142	151	217	177	—
122	105	111	170	143	152	218	178	191
123	106	112	171	144	153	219	179	192
124	107	—	172	—	154	220	180	193
125	108	113	173	145	155	221	—	194
126	—	114	174	146	—	222	181	195
127	109	115	175	147	156	223	182	196
128	110	116	176	148	157	224	183	—
129	111	—	177	148	158	225	184	197
130	—	—	178	—	—	226	—	198
131	111	117	179	149	—	227	185	199
132	112	118	180	—	—	228	186	200
133	—	—	181	149	159	229	187	201
134	113	119	182	150	160	230	188	202
135	114	120	183	—	—	231	—	203
136	115	121	184	151	161	232	189	204
137	116	122	185	152	162	233	190	—
138	117	123	186	153	163	234	191	205

G.W.	*Stud.*	*S.E.*
6	**4**	**8**
235	192	206
236	—	207
237	193	—
238	194	208
239	195	209
240	196	210
241	—	211
242	197	212
243	198	213
244	199	214
245	200	215
246	201	216
247	—	—
248	202	217
249	203	218
250	204	219
251	205	220
252	206	221
253	—	222
254	207	223
255	208	224
256	209	—
257	—	225
258	210	226
259	211	227
260	212	228
261	213	—
262	—	229
263	214	230
264	215	231
265	216	232
266	217	233
267	—	234
268	218	235
269	219	236

1906*c*

G.W.	*Stud.*	*S.E.*
7	**—**	**9**
3		103
4		104
5		105
6		106
7		107
8		108
9		109
10		110
11		111
12		112
13		113
14		114
15		—

1907*c*

G.W.	*Stud.*	*S.E.*
7	**5**	**9**
17	159	129
	160	130
19	161	131
20	—	132
21	162	133
22	163	134
23	164	135
24	165	136
25	166	137
26	—	138
27	167	139

1907*a*

G.W.	*Stud.*	*S.E.*
7	**10**	**9**
29	9	1
	11	3
	11	4
	12	5
31	13	7
32	—	8
33	14	9
34	15	—
35	16	10
36	17	11
37	18	12
38	—	13
39	19	14
40	20	15
41	21	16
42	—	17
43	22	18
44	23	19
45	24	20
46	—	21
47	25	22
48	26	23
49	27	24
50	28	25
51	—	26
52	29	27
53	30	28
54	31	29
55	—	30
56	32	31
57	33	32
58	34	33
59	—	34
60	35	35
61	36	36
62	37	37
63	38	38
64	—	39
65	39	40
66	40	—
67	41	41
68	—	42
69	42	43
70	43	44
71	44	45
72	45	46
73	—	47
74	46	48
75	47	49
76	48	50
77	49	51
78	—	52
79	50	—
80	51	53
81	52	54
82	53	55
83	—	56
84	54	57
85	55	58
86	56	59
87	57	60
88	—	61
89	58	62
90	59	63
91	60	64
92	—	65
93	61	66
94	62	67
95	63	68
96	64	69
97	—	70
98	65	71
99	66	72

G.W.	*Stud.*	*S.E.*
7	**10**	**9**
100	67	73
101	—	—
102	68	74
103	69	75
104	70	76
105	71	77
106	—	78
107	72	79
108	73	80
109	74	81
110	75	82
111	—	83
112	76	84
113	77	85
114	77	86
115	78	87
116	79	88
117	—	89
118	80	90
119	81	91
120	82	92
121	—	93
122	83	—
123	84	94
124	85	95
125	85	—

1907*b*

7	**7**	**9**
127	11	115
	12	116
129	13	117
130	—	118
131	14	119
132	15	120
133	16	121
134	17	—
135	18	122
136	—	123
137	19	124
—	—	125
138	20	126
139	21	127

G.W.	*Stud.*	*S.E.*

1908*d*

7	**9**	**9**
141	9	177
	11	179
	12	180
143	13	181
144	—	—
145	14	182
146	15	183
147	16	184
148	—	185
149	17	186
150	18	187
151	19	188
152	20	189
153	21	190
154	—	191
155	22	192
156	23	193
157	24	194
158	25	195
159	—	196
160	26	197
161	27	198
162	28	199
163	29	200
164	—	201
165	30	202
166	31	203
167	32	204

1908*c*

7	**5**	**9**
169	169	205
	170	207
	170	208
171	171	209
172	—	210
173	172	211
174	173	212
175	174	213
176	175	214
177	—	215
178	176	216
179	177	217
180	178	218
181	179	219

G.W.	*Stud.*	*S.E.*
7	**5**	**9**
182	180	220
183	181	221
184	—	222
185	182	223
186	183	224
187	184	225
188	184	226

1908*a*

7	**6**	**9**
189	187	155
	188	157
191	189	159
192	—	160
193	190	161
194	191	162
195	192	163
196	193	164
197	—	165
198	194	166
199	195	—

1908*b*

7	**7**	**9**
201	23	167
	24	168
203	25	169
204	—	170
205	26	171
206	27	172
207	28	173
208	29	174
209	30	175

1908*e*

7	**10**	**9**
211	169	141
	170	142
213	171	143
214	172	144
215	—	145
216	173	146
217	174	147
218	175	148
219	—	149
220	176	150

G.W.	*Stud.*	*S.E.*
7	**10**	**9**
221	177	151
222	178	152
223	179	153

1909*c*

7	**4**	**9**
225	221	235
	222	236
227	223	237
228	—	238
229	224	239
230	225	240
231	226	241

1909*a*

7	**6**	**9**
233	197	227
	198	228
235	199	229
236	—	230
237	200	231
238	201	232
239	202	233
240	203	234

1909*b*

7	**8**	**10**
241	9	1
	11	3
	12	4
243	13	5
244	14	6
245	—	7
—	—	8
246	15	9
247	16	10
248	17	11
249	18	12
250	19	13
251	20	14
252	21	15
253	22	16
254	—	17
255	23	18
—	—	19

G.W.	*Stud.*	*S.E.*
7	**8**	**10**
256	24	20
257	25	21
258	26	22
259	—	23
260	27	24
261	28	25
262	29	26
263	30	27
264	—	28
265	31	29
266	32	30
267	33	31
268	34	32
269	—	33
270	35	34
271	36	35
272	37	36
273	38	37
—	—	38
274	39	39
275	—	40
276	40	41
277	41	42
278	42	43
279	43	44
280	—	45
281	44	46
282	45	47
283	46	48
284	47	49
285	48	50
286	—	51
287	49	52
288	50	53
289	51	54
290	52	55
291	—	56
292	53	57
293	54	58
—	—	59
294	55	60
295	56	61
296	57	62
297	—	63
298	58	64
299	59	65
300	60	—
301	—	66

G.W.	*Stud.*	*S.E.*
7	**8**	**10**
302	61	67
303	62	68
304	63	69
305	64	70
306	—	71
307	65	72
308	66	73
309	67	74
310	—	75
311	68	76
312	69	77
313	70	78
314	71	79
315	—	80
316	72	81
317	73	82
318	74	83
319	75	84
320	76	85
321	—	86
322	77	87
323	78	88
324	79	89
325	—	90
326	80	91
327	81	92
328	82	93
329	83	94
330	84	95
331	—	96
332	85	97
333	86	98
334	87	99
335	88	100
336	89	101
337	—	102
338	90	103
339	91	104
340	92	105
341	93	106
342	—	107
343	94	108
344	95	109
—	—	110
345	96	111
346	97	112
347	—	113
348	98	114

G.W.	*Stud.*	*S.E.*
7	**8**	**10**
349	99	115
350	100	116
351	101	117
352	102	118
353	103	119
—	—	120
354	—	121
355	104	122
356	105	123
357	106	124
358	—	125
359	107	126
360	108	127
—	—	128
361	109	129
362	110	130
363	—	131
364	111	132
—	—	133
365	112	134
366	113	135
367	114	—
368	115	136
369	—	137
—	—	138
370	116	139
371	117	140
372	118	141
373	119	142
374	—	143
375	120	144
—	—	145
376	121	146
377	122	147

1909*d*

G.W.	*Stud.*	*S.E.*
7	**7**	**10**
379	31	151
	33	153
	33	154
	34	—
381	35	155
382	36	156
383	37	157
384	38	158
385	39	159
386	—	160
387	40	161
388	41	162
389	42	163
390	43	164
391	—	165
392	44	166
—	—	167
393	45	168
394	46	169
395	47	170
396	—	171
—	—	172
397	48	173
398	49	174
399	50	175
400	—	176
401	51	177
402	52	178
403	53	179
404	—	180
405	54	181
406	55	182
—	—	183
407	56	184
408	57	185
409	—	186
410	58	187
411	59	188
412	60	189
413	61	190
—	—	191
414	—	192
415	62	193
416	63	194
417	64	195
418	65	196
419	66	197
420	67	198
421	—	199
422	68	200
423	69	201
424	70	202
425	—	203
426	71	204
—	—	205
427	72	206
—	—	207
428	73	208
429	74	209
430	75	210
431	76	211
—	—	212
432	77	213
433	78	214
434	—	215
435	79	216
436	80	217
437	81	218
—	—	219
438	82	220
439	83	221
440	84	222
441	—	223
442	85	224
443	86	225
444	87	226
—	—	227
445	88	228
446	—	229
447	89	230
448	90	231
449	91	232
450	92	233
451	—	234
452	93	235
453	94	236
454	95	237
455	96	238
—	—	239
456	—	240
457	97	241
458	98	242
459	99	243
—	—	244
460	100	245
461	101	246
462	102	247
463	103	248
—	—	249

1908*f*

G.W.	*Stud.*	*S.E.*
7	—	**9**
467		250
468		251

1910*b*

G.W.	*Stud.*	*S.E.*
7	—	**9**
469		252

1910*a*

G.W.	*Stud.*	*S.E.*
8	—	**11**
3		9
4		10
5		11
6		12
7		—
8		13
9		14
10		15
11		16
12		17
13		18
14		—
15		19
16		20
17		21
18		22
19		—
20		23
21		24
22		25
23		26
24		—
25		27
26		28
27		29
28		30
29		31
30		—
31		32
32		33
33		34
34		—
35		35
36		36
37		37
38		38
39		39
40		—
41		40
42		—
43		41

G.W.	*Stud.*	*S.E.*
8	—	**10**
44		42
45		43
46		44
47		—
48		45
49		46
50		47
51		48
52		—
53		49
54		50
55		51
56		52
57		53
58		—
59		54
60		55

1910*g*

G.W.	*Stud.*	*S.E.*
8	—	**11**
62		231
63		—
64		232

1910*h*

G.W.	*Stud.*	*S.E.*
8	**5**	**11**
65	185	163
	186	164
66	—	165
67	187	166
68	188	—
69	189	167
70	190	168
71	—	169
72	191	170
73	192	171
74	193	172
75	194	173
76	195	174
77	195	175

1912*d*

G.W.	*Stud.*	*S.E.*
8	**5**	**11**
	197	177
	198	178

G.W.	*Stud.*	*S.E.*
8	**5**	**11**
78	199	179
79	—	180
80	200	181
81	201	—
82	202	182
83	203	183
84	—	184
85	204	185
86	205	186
87	206	187
88	207	—
89	—	188
90	208	189
91	209	190

1910*i*

G.W.	*Stud.*	*S.E.*
8	**6**	**11**
93	205	209
	206	210
94	207	211
95	—	212
96	208	213
97	209	214
98	210	215
99	211	216
100	—	217
101	212	—
102	213	218

1910*d*

G.W.	*Stud.*	*S.E.*
8	**Erg.**	**11**
103	121	139
	122	140
104	123	141
105	124	142
106	125	143
107	126	144
108	—	145
109	127	—
110	128	146
111	129	147
112	130	148
113	131	149
114	—	150
115	132	151

1910*k*

G.W.	*Stud.*	*S.E.*
8	Erg.	**11**
117	133	219
	134	220
118	135	221
119	—	222
120	136	—
121	137	223
122	138	224
123	139	225
124	140	226
125	141	227

1910*c*

G.W.	*Stud.*	*S.E.*
8	**10**	**11**
127	87	57
	88	59
	—	60
	89	61
	90	62
128	91	63
129	92	64
130	—	65
131	93	66
132	94	—
133	95	67
134	—	68
135	96	69
136	97	70
137	98	71
138	99	72
139	100	73
140	—	—
141	101	74
142	102	75
143	103	76
144	104	77
145	—	78
146	105	79
147	106	—
148	107	80
149	108	81
150	109	82
151	110	—
152	—	83
153	111	84
154	112	85
8	**10**	**11**
—	—	86
155	113	87
156	114	88
157	115	89
158	—	—
159	116	90
160	117	91
161	118	92
162	119	93
163	120	94
164	—	95
165	121	96
166	122	—
167	123	97
168	124	98
169	125	99
170	—	100
171	126	101
172	127	102
173	128	—
174	—	103
175	129	104
176	130	105
177	131	106
178	132	107
179	133	108
180	—	109
181	134	—
182	135	110
183	136	111
184	—	112
185	137	113
186	138	114
—	—	115
187	139	116
188	140	117
189	141	118
190	142	119
191	143	120
192	—	121
193	144	122
194	145	—
195	146	123
196	147	124
197	—	125
198	148	126
199	149	—
200	150	127
8	**10**	**11**
201	151	128
202	152	129
203	—	130
204	153	131
205	154	132
206	155	133
207	156	134
208	—	135
209	157	136
210	158	137
211	159	—

1910*e*

G.W.	*Stud.*	*S.E.*
8	**4**	**11**
213	227	153
	228	154
214	229	155
215	—	156
216	230	—
217	231	157
218	232	158
219	233	159
220	—	160
221	234	161

1910*f*

G.W.	*Stud.*	*S.E.*
8	—	**11**
224		233
225		234
—		235

1910*j*

G.W.	*Stud.*	*S.E.*
8	—	**11**
228		236
—		237

1911*b*

G.W.	*Stud.*	*S.E.*
8	**3**	**12**
229	13	213
	15	215
	16	216
	—	217
230	17	218
231	18	219

G.W.	*Stud.*	*S.E.*
8	**3**	**12**
232	19	220
233	20	221
234	—	222
235	21	—
236	22	223
237	23	224
238	24	225
—	—	226

1911*c*

G.W.	*Stud.*	*S.E.*
8	**7**	**12**
239	133	1
	135	3
	—	4
	136	5
	137	6
	138	7
	138	8
240	139	9
241	140	10
242	—	11
243	141	12
244	142	13
245	—	14
246	143	15
247	144	—
248	145	16
249	—	17
250	146	18
251	147	19
252	148	—
253	149	20
254	150	21
255	—	22
256	151	23
257	152	24
258	153	25
259	—	26
260	154	—
261	155	27
262	156	28
263	—	29
—	—	30
264	157	31
265	158	32
266	159	—
267	160	33
268	161	34
269	162	35
270	163	—
271	—	36
272	164	37
273	165	38
274	166	39
275	—	40
276	167	41
277	168	42
278	169	43
279	170	44
280	—	—
281	171	45
282	172	46
283	173	47
284	174	48
285	—	49
286	175	50
287	176	51
288	177	52
289	178	53
290	179	54
291	—	55
292	180	56
293	181	57
294	182	58
295	183	—
296	—	59
297	184	60
298	185	61
—	—	62
299	186	63
300	187	—
301	188	64
302	—	65
303	189	66
304	190	67
305	191	68
306	192	69
307	193	70
308	—	71
309	194	72
310	195	73
311	196	74
312	197	75
313	198	76
314	199	77
315	—	78
316	200	79

1912*a*

G.W.	*Stud.*	*S.E.*
8	**7**	**12**
317	201	80
318	202	81
319	—	82
320	203	—

1912*c*

G.W.	*Stud.*	*S.E.*
8	**6**	**12**
321	215	227
	217	229
	218	230
322	219	231
323	220	232
324	—	233
325	221	234
326	222	—
327	223	235
328	224	236
329	—	237
330	225	238
—	226	238

1912*f*

G.W.	*Stud.*	*S.E.*
8	—	**12**
332		243
333		244
334		245
335		—
336		246
337		247
338		248
339		249
340		250
341		251
342		252
343		253
344		254
345		—

1911*d*

G.W.	*Stud.*	*S.E.*
8	—	**12**
348		341

1911*e*

G.W.	*Stud.*	*S.E.*
8	Erg.	**12**
349	149	89
	150	90
350	151	91
351	—	—
352	152	92
353	153	93
354	154	94
355	155	95
356	156	96
357	—	—

1911*f*

G.W.	*Stud.*	*S.E.*
8	—	**12**
360		342
361		343
—		344

1912*b*

G.W.	*Stud.*	*S.E.*
8	Erg.	**12**
363	157	97
	158	98
364	159	99
365	160	100
366	—	—
367	161	101
368	162	102
369	163	103
370	164	104
371	165	105
372	—	106
373	166	107
374	167	108
—	168	—

1912*e*

G.W.	*Stud.*	*S.E.*
8	Erg.	**12**
375	169	109
	170	110
8	Erg.	**12**
376	171	111
377	172	112
378	—	—
379	173	113
380	174	114
381	175	115
382	176	116
383	177	117
384	178	118
385	179	—
386	180	119
387	180	120

1913*j*

G.W.	*Stud.*	*S.E.*
8	—	**13**
390		165
391		166
392		—
393		167
394		168
395		169
396		170
397		171
398		172
399		—
400		173
401		174
402		175
403		176
404		177
405		178
406		—
407		179
408		180
409		181
410		182
411		—
412		183
413		184
414		185
415		186
416		187
417		—
418		188
419		189
420		190

1913*g*

G.W.	*Stud.*	*S.E.*
8	**5**	**12**
421	229	303
	230	304
422	231	305
423	—	306
424	232	—
425	233	307
426	234	308
427	234	309

1912*g*

G.W.	*Stud.*	*S.E.*
8	**3**	**12**
429	25	255
	27	257
	28	258
	—	259
430	29	260
431	—	—
432	30	261
433	31	262
434	32	263
435	33	—
436	—	264
437	34	265
438	35	266
439	36	—

1913*i*

G.W.	*Stud.*	*S.E.*
8	**7**	**12**
441	105	311
	107	313
	—	314
	108	315
	108	316
442	109	317
443	110	318
444	111	—
445	—	319
446	112	320
447	113	321
448	114	322
449	115	323
450	—	324
451	116	325
452	117	326

1913*c*

G.W.	*Stud.*	*S.E.*
8	Erg.	**12**
453	181	121
	182	122
454	183	123
455	184	124
456	—	—
457	185	125
458	186	126
459	187	127
460	188	128
461	—	129
462	189	—
463	190	130
464	191	131
465	192	132
466	—	133
467	193	134
468	194	—
469	195	135
470	196	136
471	197	137
472	198	138
473	—	139
474	199	140
475	200	141
476	201	142
477	202	143
478	203	144

1912–13

G.W.	*Stud.*	*S.E.*
9	**9**	**13**
1	287	7
	288	*9*
	289	*10*
	288	*11*
	289	*12*
3	291	*13*
4	292	*14*
—	293	*15*
5	295	1
6	—	2
7	296	3
8	297	4
9	298	—
10	299	5
11	—	6
12	300	7
13	301	8
14	302	9
15	—	—
16	303	10
17	304	11
18	305	12
19	306	13
20	—	—
21	307	14
22	308	15
23	309	16
24	310	17
25	310	—
26	311	18
27	—	19
28	312	—
29	313	20
30	314	21
31	315	22
32	—	23
33	316	—
34	317	24
35	318	25
36	319	26
37	—	27
38	320	28
39	321	29
40	322	30
41	323	—
42	—	31
43	324	32
44	325	33
45	326	34
46	327	35
47	—	36
48	328	37
49	329	—
50	330	38
51	331	39
52	332	40
53	—	41
54	333	42
55	334	—
56	335	43
57	—	44
58	336	45
59	337	—
60	338	46
61	339	47
62	—	48
63	340	49
64	341	50
65	342	51
66	—	—
67	343	52
68	344	53
69	345	54
70	346	—
71	347	55
72	—	56
73	348	57
74	349	58
75	350	59
76	—	60
77	351	61
78	352	—
79	353	62
80	354	63
81	—	64
82	355	65
83	356	66
84	357	67
85	358	68
86	359	69
87	—	—
88	360	70
89	361	71
90	362	72
91	363	73
92	363	74
93	364	75
94	365	76
95	—	—
96	366	77
97	367	78
98	368	79
99	—	80
100	369	—
101	370	81
102	371	82
103	372	83
104	—	84
105	373	85
106	374	86
107	375	87

G.W.	*Stud.*	*S.E.*
9	**9**	**13**
108	376	88
109	377	—
110	—	89
111	378	90
112	379	91
113	380	92
114	381	—
115	—	93
116	382	94
117	383	95
118	384	96
119	385	97
120	—	98
121	386	99
122	387	100
123	—	101
124	388	102
125	389	—
126	390	103
127	391	104
128	—	105
129	392	106
130	393	107
131	394	108
132	395	—
133	—	109
134	396	110
135	397	111
136	398	112
137	399	—
138	—	113
139	400	114
140	401	115
141	402	116
142	—	—
143	403	117
144	404	118
145	405	119
146	—	120
147	406	121
148	407	—
149	408	122
150	409	123
151	—	124
152	410	—
153	411	125
154	412	126
155	413	127

G.W.	*Stud.*	*S.E.*
9	**9**	**13**
156	—	128
157	414	129
158	415	130
159	416	131
160	417	132
161	—	133
162	418	134
163	419	—
164	420	135
165	421	136
166	—	137
167	422	—
168	423	138
169	424	139
170	425	140
171	—	141
172	426	142
173	427	143
174	428	144
175	429	145
176	—	146
177	430	—
178	431	147
179	432	148
180	—	149
181	433	150
182	434	151
183	435	152
184	436	—
185	—	153
186	437	154
187	438	155
188	439	156
189	440	157
190	441	158
191	—	159
192	442	—
193	443	160
194	444	161

1913*d*

G.W.	*Stud.*	*S.E.*
10	—	**12**
2		281
3		282
4		283
5		—
6		284

G.W.	*Stud.*	*S.E.*
10	—	**12**
7		285
8		286
9		287

1913*a*

G.W.	*Stud.*	*S.E.*
10	—	**12**
12		269
13		—
14		270
15		271
16		272
17		273
18		274
19		275
20		—
21		276
22		277

1913*f*

G.W.	*Stud.*	*S.E.*
10	**10**	**12**
23	181	289
	182	290
24	183	291
25	—	—
26	184	292
27	185	293
28	186	294
29	187	295
30	—	296
31	188	—
32	189	297
33	190	298
34	191	299
35	—	300
36	192	301
37	193	—

1913*h*

G.W.	*Stud.*	*S.E.*
10	**2**	**13**
39	—	191
	—	192
40	—	193
	239	194
	349	195
	399	195

G.W.	*Stud.*	*S.E.*
10	**2**	**13**
	350	196
41	398	196
—	418	197
42	398	198

1914*d*

G.W.	*Stud.*	*S.E.*
10	—	**14**
44		7
45		—
46		8
47		9
48		10
49		11
50		12
51		13
52		14
53		15
54		16
55		17
56		18
57		—
58		19
59		20
—		21
60		22
61		23
62		24
63		25
64		—
65		26
66		27
67		28
68		29
69		30
70		31
71		—
72		32
73		33
74		34
75		35
76		36
77		37
78		—
79		38
80		39
81		40

G.W.	*Stud.*	*S.E.*
10	—	**14**
82		41
83		—
84		42
85		43
86		44
87		—
88		45
89		46
90		47
91		48
92		49
93		—
94		50
95		51
96		52
97		53
98		54
99		55
100		—
101		56
102		57
103		58
104		59
105		60
106		61
107		—
108		62
109		63
110		64
111		65
112		66
113		—

1914*a*

10	Erg.	**13**
115	231	199
	232	200
116	—	201
117	233	—
118	234	202
119	235	203
120	236	204
121	237	205
122	238	206
123	238	207

G.W. *Stud.* *S.E.*

1914*g*

10	Erg.	**12**
125	205	145
	206	146
126	207	147
127	—	148
128	208	—
129	209	149
130	210	150
131	211	151
132	212	152
133	213	153
134	—	—
135	214	154
—	—	155
136	215	156

1914*c*

10	**3**	**14**
137	37	67
	39	69
	40	70
	40	71
138	41	73
139	42	74
140	43	75
141	—	76
142	44	77
143	45	—
144	46	78
145	47	79
146	48	80
147	48	81
148	49	82
149	50	83
150	51	—
151	—	84
152	52	85
153	53	86
154	54	87
155	55	88
156	56	89
157	57	90
158	58	91
159	59	92
160	60	93
161	61	94

G.W.	*Stud.*	*S.E.*
10	**3**	**14**
162	62	—
163	—	95
164	63	96
165	64	97
166	65	98
167	66	99
168	67	100
169	68	101
170	68	102

1914*b*

G.W.	*Stud.*	*S.E.*
10	**10**	**13**
171	195	209
	196	210
172	197	211
173	—	212
174	198	—
175	199	213
176	200	214
177	201	215
178	—	216
179	202	217
180	203	218
181	204	—
182	205	219
183	—	220
184	206	221
185	207	222
186	208	223
187	209	—
188	—	224
189	210	225
190	211	226
191	212	227
192	213	228
193	214	229
194	—	230
195	215	231
196	216	—
197	217	232
198	—	233
199	218	234
200	219	—
201	220	235
—	—	236

1914*f*

G.W.	*Stud.*	*S.E.*
10	**4**	**13**
203	235	239
	236	240
204	237	241
205	238	242
206	239	243
207	240	244

1915*c*

G.W.	*Stud.*	*S.E.*
10	**3**	**14**
209	75	109
	76	111
	—	112
	77	113
	78	114
	79	115
	80	116
210	81	117
211	82	—
212	83	118
213	84	119
—	—	120
214	85	121
215	86	122
216	87	123
217	88	124
218	89	125
219	90	126
220	91	127
221	92	128
222	93	129
223	—	130
224	94	131
225	95	132
226	96	133
227	97	134
—	—	135
228	98	136
229	99	137
230	100	138
231	101	—
232	102	139
—	—	140

1915*f*

G.W.	*Stud.*	*S.E.*
10	**7**	**14**
233	205	261
	206	262
234	207	263
235	—	—
236	208	264
237	209	265
238	210	266
239	211	267
240	—	—
241	212	268
242	213	269
243	214	—
244	215	270
245	—	271
246	216	272

1915*d*

G.W.	*Stud.*	*S.E.*
10	**3**	**14**
247	103	141
	105	143
	106	144
	106	145
248	107	146
249	108	147
250	109	148
251	110	149
252	—	150
253	111	151
254	112	152
255	113	—
256	114	153
257	115	154
258	116	155
259	—	156
260	117	157
261	118	158

1915*e*

G.W.	*Stud.*	*S.E.*
10	**3**	**14**
263	119	159
	121	161
	122	162
	123	163
	—	164

G.W.	*Stud.*	*S.E.*
10	**3**	**14**
	124	165
264	125	166
265	126	—
266	—	167
267	127	168
268	128	169
269	129	170
270	130	171
271	131	172
272	132	173
273	133	174
274	134	175
275	135	176
276	136	177
277	137	178
278	138	179
279	139	180
280	140	181
281	141	182
282	—	183
283	142	—
284	143	184
—	144	—
285	145	185
—	—	186
286	146	187
287	147	188
288	148	189
289	149	190
290	150	191
291	151	192
292	152	193
293	153	194
—	154	195
294	155	196
295	—	—
296	156	197
297	157	198
298	158	199
299	159	200
300	160	201
301	—	202
302	161	203
303	162	204
	163	205
	164	—
	165	206
	166	207

G.W.	*Stud.*	*S.E.*
10	**3**	**14**
	167	208
	168	209
	169	210
	170	211
	171	212
	172	213
	172	214
	173	215

1915*a*

10	Erg.	**12**
305	217	157
	218	158
306	—	159
307	119	—
308	220	160
309	221	161
310	222	162
311	223	163
312	—	164
313	224	165
314	225	166
315	226	—
316	227	167
317	—	168
318	228	169
319	229	170
320	230	171
321	—	—

1915*b*

10	**9**	**14**
323	33	273
	34	274
324	35	275
325	—	—
326	36	276
327	37	277
328	38	278
329	39	279
330	—	—
331	40	280
332	41	281
333	42	282
334	43	283
335	—	284

G.W.	*Stud.*	*S.E.*
10	**9**	**14**
336	44	—
337	45	285
338	46	286
339	47	287
340	48	288
341	49	289
342	—	290
343	50	—
344	51	291
345	52	292
346	53	293
347	—	—
348	54	294
349	55	295
350	56	296
351	57	—
352	—	297
353	58	298
354	59	299
355	60	300

1916*a*

10	**10**	**14**
357	223	303
	224	304
358	225	305
359	226	306
360	227	307
361	227	—

1916*d*

10	**10**	**14**
363	229	309
	230	310
364	231	311
365	—	—
366	232	312
367	233	313
368	234	—
369	235	314
370	236	315
371	—	316
372	237	317
373	238	318
374	239	319
375	240	320

G.W.	*Stud.*	*S.E.*
10	**10**	**14**
376	—	—
377	241	321
378	242	322
379	243	323
380	244	324
381	—	—
382	245	325
383	246	326
384	247	327
385	248	—
386	—	328
387	249	329
388	250	330
—	251	—
389	—	331
390	252	332
391	253	333
	1916*c*	
10	—	**14**
394		339
395		340
	1916*b*	
10	**7**	**14**
397	119	
	120	
398	121	337
399	122	338
400	122	—
	1917*c*	
10	**7**	**17**
401	123	125
	124	126
402	125	127
403	—	128
404	126	—
405	127	129
406	128	130
407	129	131
408	130	—
409	131	132
410	131	133

G.W.	*Stud.*	*S.E.*
	1917*d*	
10	**3**	**14**
411	175	217
	177	219
	—	220
	178	221
412	179	222
413	180	—
414	181	223
415	—	224
416	182	225
417	183	226
418	184	227
419	185	228
420	186	229
421	187	230
422	188	231
423	189	232
424	—	—
425	190	233
—	—	234
426	191	235
	1917*e*	
10	**3**	**14**
427	193	237
	194	239
	195	240
	—	241
	196	242
428	197	243
429	198	—
430	—	244
431	199	245
432	200	246
433	201	247
434	202	248
435	203	249
436	—	250
437	204	—
438	205	251
439	206	252
440	207	253
441	208	254
442	—	255
443	209	—
444	210	256

G.W.	*Stud.*	*S.E.*
10	**3**	**14**
445	211	257
446	212	258
	1913*b*	
10	—	**12**
448		329
449		330
450		331
	1913*e*	
10	—	**12**
451		345
452		346
	1913*k*	
10	—	**12**
453		335
454		336
455		337
	1919*i*	
10	—	**14**
456	—	341
	1916–17	
11	**1**	**15**
1	33	1
	34	3
	—	4
	35	5
	—	6
	36	7
	—	8
3	37	9
4	37	10
		11
		12
5	38	13
7	41	15
8	42	16
9	—	17
10	43	—
11	44	18

G.W.	*Stud.*	*S.E.*
11	**1**	**15**
12	45	19
13	46	20
14	47	21
15	—	22
16	48	23
17	49	24
18	50	25
19	51	26
20	—	27
21	52	—
22	53	28
23	54	29
24	55	30
25	56	31
26	57	32
27	—	33
28	58	34
29	59	35
30	60	36
31	61	37
32	62	38
—	—	39
33	63	40
34	64	41
35	—	—
36	65	42
37	66	43
38	67	44
39	68	45
40	—	46
41	69	47
42	70	48
43	71	49
44	72	50
45	—	51
46	73	52
47	74	53
48	75	54
49	76	55
50	77	56
51	—	57
52	78	58
53	79	59
54	80	60
55	81	61
56	—	62
57	82	63
58	83	—

G.W.	*Stud.*	*S.E.*
11	**1**	**15**
59	84	64
60	85	65
61	—	66
62	86	67
63	87	68
64	88	69
65	89	70
66	90	—
67	91	71
68	—	72
69	92	73
70	93	74
71	94	75
72	95	76
73	96	77
74	97	78
75	98	79
76	—	—
77	99	81
79	101	83
80	102	84
81	103	85
82	—	86
83	104	—
84	105	87
85	106	88
86	107	89
87	108	90
88	109	91
89	—	92
90	110	93
91	111	94
92	112	95
93	113	96
94	114	97
95	115	98
96	115	99
97	116	100
98	117	101
99	—	—
100	118	102
101	119	103
102	120	104
103	121	105
104	—	106
105	122	107
106	123	108
107	124	109

G.W.	*Stud.*	*S.E.*
11	**1**	**15**
108	125	110
109	126	111
110	127	112
111	128	113
112	129	114
113	—	115
114	130	116
115	131	117
116	132	118
117	133	119
118	134	—
119	135	120
120	—	121
121	136	122
122	137	123
—	—	124
123	138	125
124	139	126
125	140	127
126	—	—
127	141	128
128	142	129
129	143	130
130	144	131
131	—	132
132	145	133
133	146	—
134	147	134
135	147	135
136	148	136
137	149	—
138	—	137
139	150	138
140	151	139
141	152	140
142	153	141
143	154	142
144	—	143
145	155	144
146	156	145
147	157	146
148	158	147
149	158	148
150	159	149
151	160	150
152	—	151
153	161	152
154	162	153

G.W.	*Stud.*	*S.E.*
11	**1**	**15**
155	163	154
156	164	—
157	165	155
158	166	156
159	—	157
160	167	158
161	168	159
162	169	160
163	170	161
164	171	162
165	—	163
166	172	—
167	173	164
168	174	165
169	175	166
170	176	167
171	177	168
172	177	169
173	178	170
174	179	—
175	—	171
176	180	172
177	181	173
178	182	174
—	—	175
179	183	176
180	184	177
181	185	178
182	186	179
183	187	180
184	—	181
185	188	182
186	189	183
187	190	184
188	191	185
189	—	186
190	192	—
191	193	187
192	194	188
193	195	189
194	196	190
195	197	191
196	—	192
197	198	193
198	199	194
199	200	195
200	201	196
201	202	197

G.W.	*Stud.*	*S.E.*
11	**1**	**15**
202	203	198
203	204	199
204	205	200
205	—	201
206	206	202
207	207	203
208	208	204
209	209	205
210	210	206
211	211	207
212	212	—
213	—	208
214	213	209
215	214	210
216	215	211
217	216	212
218	217	—
219	—	213
220	218	214
221	219	215
222	220	216
223	221	217
224	222	218
225	223	219
226	—	220
227	224	221
228	225	222
229	226	223
230	227	224
231	228	225
232	229	226
233	230	227
234	231	228
235	232	—
236	—	229
237	233	230
238	234	231
239	235	232
240	236	233
241	237	234
242	—	235
243	238	236
244	239	237
245	240	238
246	241	239

G.W.	*Stud.*	*S.E.*
	1916–17 (Forts.)	
11	**1**	**16**
247	243	241
249	245	243
250	246	—
251	—	244
252	247	245
253	248	246
254	249	247
255	250	248
256	251	249
257	252	250
258	—	251
259	253	252
260	254	253
261	255	254
262	256	255
263	257	256
264	258	257
265	259	258
266	—	—
267	260	259
268	261	260
269	262	261
270	263	262
271	264	263
272	—	264
273	265	265
274	266	266
275	267	267
276	268	268
277	269	269
278	—	270
279	270	271
280	271	—
281	272	272
282	273	273
283	274	274
284	—	275
285	275	276
286	276	277
287	277	—
288	278	278
289	279	279
290	280	280
291	—	281
292	281	282
293	282	283

G.W.	*Stud.*	*S.E.*	*G.W.*	*Stud.*	*S.E.*	*G.W.*	*Stud.*	*S.E.*
11	**1**	**16**	**11**	**1**	**16**	**11**	**1**	**16**
294	283	284	342	325	330	390	365	375
295	284	285	343	326	331	391	366	376
296	285	286	344	327	332	—	—	377
297	286	287	345	328	333	392	367	378
298	287	288	346	—	334	393	368	379
299	—	289	347	329	335	394	—	380
300	288	290	348	330	336	395	369	381
301	289	291	349	331	337	396	370	382
302	290	292	350	332	338	397	371	—
303	291	293	351	333	339	398	372	383
304	292	294	352	334	340	399	373	384
305	293	295	353	—	341	400	374	385
306	—	296	354	335	—	401	375	386
307	294	297	355	336	342	402	—	387
308	295	298	356	337	343	403	376	388
309	296	299	357	338	344	404	377	389
310	297	300	358	339	345	405	378	390
311	298	301	359	340	346	406	379	391
312	299	302	360	—	347	407	380	392
313	300	303	361	341	348	408	381	393
314	301	304	362	342	349	409	—	394
315	302	305	363	343	350	410	382	395
316	—	306	364	344	351	411	383	396
317	303	307	365	345	352	412	384	397
318	304	—	366	346	353	413	385	398
319	305	308	367	—	—	414	386	399
320	306	309	368	347	354	415	387	400
321	307	310	369	348	355	416	388	401
322	308	311	370	349	356	417	—	402
323	309	312	371	349	357	418	389	403
324	—	313	372	350	358	419	390	404
325	310	314	373	351	359	420	391	405
326	311	315	374	—	360	421	392	406
327	312	316	375	352	361	422	393	407
328	313	317	376	353	—	423	—	408
329	314	318	377	354	362	424	394	409
330	315	319	378	355	363	425	395	410
331	316	320	379	356	364	426	396	411
332	—	321	380	357	365	426	397	411
333	317	322	381	—	366	427	398	412
334	318	323	382	358	367	428	399	413
335	319	—	383	359	368	429	—	414
336	320	324	384	360	369	430	400	415
337	321	325	385	361	370	431	401	416
338	322	326	386	362	371	432	402	417
339	—	327	387	363	372	433	403	418
340	323	328	388	364	373	434	404	419
341	324	329	389	—	374	435	405	420

G.W.	*Stud.*	*S.E.*
11	**1**	**16**
436	406	421
437	407	—
438	—	422
439	408	423
440	409	424
441	410	425
442	411	426
443	412	427
444	413	428
445	414	429
446	414	430
447	415	431
448	416	432
449	—	433
450	417	434
451	418	435
452	419	—
453	420	436
454	421	437
455	422	438
456	—	439
457	423	440
458	424	441
459	425	442
460	426	—
461	—	443
462	427	444
463	428	445
464	429	446
465	430	447
466	431	448
467	432	449
468	433	450
469	—	451
470	434	452
471	435	453
472	436	454
473	437	455
474	—	—
475	438	456
476	439	457
477	440	458
478	441	459
479	442	460
480	443	461
481	—	462
482	444	463
—	445	463

1917*a*

G.W.	*Stud.*	*S.E.*
12	—	**17**
3		137
4		138
5		—
6		139
7		140
8		—
9		141
10		142
11		143
12		144

1917*b*

G.W.	*Stud.*	*S.E.*
12	**10**	**17**
13	255	145
	256	146
15	257	147
16	—	—
17	258	148
18	259	149
19	260	150
20	261	151
21	—	—
22	262	152
23	263	153
24	264	154
25	265	155
26	266	156

1918*b*

G.W.	*Stud.*	*S.E.*
12	**8**	**17**
27	125	1
	127	3
	—	4
	128	5
	128	6
29	129	7
30	130	8
31	—	9
32	131	10
33	132	—
34	133	11
35	133	12
36	134	13
37	135	—

G.W.	*Stud.*	*S.E.*
12	**8**	**17**
38	—	14
39	136	15
40	137	16
41	138	17
—	—	18
42	139	19
43	—	20
44	140	—
45	141	21
46	142	22
47	143	23
48	—	24
49	144	25
50	145	26
51	146	—
52	147	27
53	148	28
54	149	—
55	150	29
56	—	30
57	151	31
58	152	32
59	153	33
60	154	34
61	—	—
62	155	35
63	156	36
64	157	37
65	158	38
66	—	39
67	159	40
68	160	41
69	161	42
70	162	43
71	163	44
72	—	45
73	164	46
74	165	47
75	165	—
76	166	48
77	167	49
78	—	—
79	168	50
80	169	51
81	170	52
82	—	53
83	171	54
84	172	55

G.W.	Stud.	S.E.
12	**8**	**17**
85	173	56
86	174	—
87	—	57
88	175	58
89	176	59
90	177	60
91	178	61
92	—	—
93	179	62
94	180	63
95	181	64
96	182	65
97	—	66
98	183	67
99	184	68
100	185	—
101	—	69
102	186	70
—	187	71
103	188	72
104	189	73
105	—	74
106	190	75
107	191	76
108	192	77
109	193	78
110	—	—
111	194	79
112	195	80
113	196	81
114	—	82
115	197	83
116	198	84
117	199	—
118	200	85
119	—	86
120	201	87
121	202	88
122	203	89
123	—	90
124	204	—
125	205	91
126	206	92
127	207	93
128	—	94
129	208	95
130	209	96
131	210	97

G.W.	Stud.	S.E.
12	**8**	**17**
132	—	98
133	211	99
134	212	100
135	213	101
136	214	102
137	215	103
138	216	104
139	—	105
140	217	—
141	218	106
142	219	107
143	220	108
144	—	109
145	221	110
146	222	111
147	223	112
148	224	113
149	—	114
150	225	115
151	226	116
152	227	—
153	228	117
154	—	118
155	229	119
156	230	120
157	231	121
157	232	122

1918*a*

G.W.	Stud.	S.E.
12	**5**	**11**
159	211	191
	212	192
161	213	193
162	—	—
163	214	194
164	215	195
165	216	196
166	217	197
167	—	—
168	218	198
169	219	199
170	220	200
171	221	201
172	—	202
173	222	—
174	223	203
175	224	204

G.W.	Stud.	S.E.
12	**5**	**11**
176	—	205
177	225	206
178	226	207
179	227	208
180	228	—

1919*a*

12	Erg.	**17**
181	239	157
	240	158
183	241	159
184	—	—
185	242	160
186	243	161
187	244	162
188	245	163
189	—	164
190	246	—
191	247	165
192	248	166
193	249	167
194	249	168

1919*e*

12	**7**	**17**
195	229	175
	230	177
	230	178
197	231	179
198	—	—
199	232	180
200	233	181
201	234	182
202	235	183
203	236	184
204	—	185
205	237	186
206	238	—
207	239	187
208	240	188
209	—	189
210	241	190
211	242	191
212	243	—
213	—	192
214	244	193

G.W.	*Stud.*	*S.E.*
12	**7**	**17**
215	245	194
216	246	195
217	247	196
218	248	197
219	—	198
220	249	—
221	250	199
222	251	200
223	252	201
224	—	202
225	253	203
226	254	204

1919*h*

G.W.	*Stud.*	*S.E.*
12	**4**	**17**
227	241	217
	242	218
229	243	219
230	—	—
231	244	220
232	245	221
233	246	222
234	247	223
235	248	224
236	249	225
237	250	226
238	251	227
239	—	—
240	252	228
241	253	229
242	254	230
243	255	231
244	256	232
245	—	233
246	257	234
247	258	235
248	259	—
249	—	236
250	260	237
251	261	238
252	262	239
253	263	240
254	—	241
255	264	—
256	265	242
257	266	243
258	267	244

G.W.	*Stud.*	*S.E.*
12	**4**	**17**
259	268	245
260	—	246
261	269	247
262	270	248
263	271	249
264	—	—
265	272	250
266	273	251
267	274	252
268	274	—

1920*a*

G.W.	*Stud.*	*S.E.*
12	**7**	**18**
269	255	145
	256	146
271	257	147
272	—	148
273	258	—
274	259	149
275	260	150
276	—	151
277	261	—
278	262	152
279	263	153
280	264	154
281	—	155
282	265	—
283	266	156
284	267	157
285	—	158
286	268	159
287	269	160
288	270	—
289	271	161
290	272	162
291	—	163
292	273	164
293	274	165
294	275	—
295	276	166
296	—	167
297	277	168
298	278	169
299	279	—
300	—	170
301	280	171
302	281	172

G.W.	*Stud.*	*S.E.*

1920*d*

12	—	**18**
305		266
306		—

1920*b*

12	Erg.	**18**
307	251	263
	252	
309	253	263
310	—	—
311	254	264
312	255	265

1919*b*

12	—	**17**
315		271
—		272

1919*f*

12	—	**17**
316		273
317		274
318		275

1919*d*

12	—	**17**
321		207
322		208
323		209
324		210

1919*g*

12	—	**17**
325		259
326		260
327		261
328		262
329		263

G.W.	*Stud.*	*S.E.*
	1919*c*	
12	—	**17**
333		267
334		268
335		269
336		270
337		—
	1920*g*	
13	**3**	**18**
1	213	1
	215	3
	—	4
	215	5
	216	6
3	217	7
4	218	8
5	219	9
6	—	10
7	220	11
8	221	—
9	222	12
10	223	13
11	224	14
12	—	15
13	225	—
14	226	16
15	227	17
16	228	18
17	229	19
18	230	—
19	—	20
20	231	21
21	232	22
22	233	23
23	234	24
24	235	25
25	236	—
26	—	26
27	237	27
28	238	28
29	239	29
30	240	30
31	241	31
32	—	32
33	242	33
34	243	—

G.W.	*Stud.*	*S.E.*
13	**3**	**18**
35	244	34
36	245	35
37	—	—
38	246	36
39	247	37
40	248	38
41	—	39
42	249	40
43	250	41
44	251	42
45	252	43
46	253	44
47	254	—
48	—	45
49	255	46
50	256	47
51	257	48
52	258	—
53	—	49
54	259	50
55	260	51
56	261	52
57	262	53
58	—	54
59	263	55
60	264	—
61	265	56
62	266	57
63	267	58
64	—	59
65	268	60
66	269	61
67	270	62
68	271	63
69	272	64
	1921*c*	
13	**9**	**18**
71	61	65
	63	67
	—	68
73	65	69
74	66	70
75	66	71
76	67	—
77	68	72
78	—	73

G.W.	*Stud.*	*S.E.*
13	**9**	**18**
79	69	74
80	70	75
81	71	76
82	72	77
83	—	78
84	73	79
85	74	—
86	75	80
87	76	81
88	77	—
89	—	82
90	78	83
91	79	84
92	80	85
93	81	86
94	82	87
95	83	—
96	—	88
97	84	89
98	85	90
99	86	91
100	87	92
101	88	93
102	89	94
103	—	95
104	90	—
105	91	96
106	92	97
107	93	98
108	93	99
109	94	100
110	—	101
111	95	—
112	96	102
113	97	103
114	97	104
115	98	105
116	99	106
117	—	—
118	100	107
119	101	108
120	102	109
121	103	110
122	104	111
123	—	112
124	105	—
125	106	113
126	107	114

G.W.	*Stud.*	*S.E.*
13	**9**	**18**
127	108	115
128	108	116
129	109	—
130	—	117
131	110	118
132	111	119
133	112	120
134	113	—
135	113	121
136	114	122
137	115	—
138	—	123
139	116	124
140	117	125
141	118	126
142	119	127
143	119	128
144	120	129
145	—	130
146	121	—
147	122	131
148	123	132
149	124	133
150	125	134
151	126	135
152	—	—
153	127	136
154	128	137
155	129	138
156	130	139
157	—	140
158	131	—
159	132	141
160	133	142
161	134	143

1922*a*

G.W.	*Stud.*	*S.E.*
13	—	**18**
165		197
166		—
167		198
168		199
169		200
170		201
171		202
172		203
173		204
174		—
175		205
176		206
177		207
178		208
179		209
180		210
181		211
182		212
183		213
184		214
185		—
186		215
187		216
188		217
189		218
190		219
191		220

1922*b*

G.W.	*Stud.*	*S.E.*
13	**7**	**18**
193	217	221
	218	222
195	219	223
196	—	—
197	220	224
198	221	225
199	222	226
200	223	227
201	—	—
202	224	228
203	225	229
204	226	230
205	227	231
206	—	—
207	228	232

1923*a*

G.W.	*Stud.*	*S.E.*
13	—	**18**
211		235
212		—
213		236
—		237
214		238
215		239
216		240
217		241
218		242
219		243
220		244
221		245
222		246
223		247
224		248
225		249
226		250
227		251
228		252
—		253
229		254
230		255
—		256
231		257
232		258
233		259

1923*b*

G.W.	*Stud.*	*S.E.*
13	**3**	**19**
235	273	1
	275	3
	275	4
	276	5
	277	6
	278	7
	279	8
	—	9
	280	10
	281	11
237	282	12
238	—	—
239	283	13
240	284	14
241	—	15
242	285	16
243	286	17
244	287	18
245	—	—
246	288	19
247	289	20
248	290	—
249	—	21
250	291	22

G.W.	*Stud.*	*S.E.*
13	**3**	**19**
251	292	23
252	293	24
253	294	25
254	295	26
255	—	27
256	296	28
257	297	29
258	298	30
259	—	31
260	299	32
261	300	33
262	301	34
263	302	35
264	303	36
265	304	37
266	305	38
267	306	39
268	307	40
269	308	41
270	—	42
271	309	43
272	310	—
273	311	44
274	312	45
275	313	46
276	314	47
277	315	48
278	—	49
279	316	50
280	317	51
281	318	—
282	319	52
283	320	53
284	—	54
285	321	55
286	322	56
287	323	57
288	324	58
289	325	59
	326	60
		61
		62
	327	63
	328	64
	329	65
	330	66

1923*e*

G.W.	*Stud.*	*S.E.*
13	**5**	**19**
291	235	139
	236	140
293	237	141
294	238	142
295	—	143
296	239	144
297	240	145
298	241	—

1923*c*

G.W.	*Stud.*	*S.E.*
13	Erg.	**19**
299	257	107
	258	108
301	259	109
302	260	110
303	—	—
304	261	111
305	262	112
306	263	113
307	264	114
308	265	115
309	266	116
310	—	117
311	267	118
312	268	119
313	269	120
314	270	121

1923*d*

G.W.	*Stud.*	*S.E.*
13	**7**	**19**
315	283	67
	285	69
	—	70
	286	71
317	287	72
318	288	—
319	289	73
—	—	74
320	290	75
321	—	76
322	291	77
323	292	78
—	293	—
324	294	79
13	**7**	**19**
325	295	80
326		81
327	296	82
—	297	—
328	298	83
329	299	84
330	300	85
331	—	86
332	301	—
333	302	87
334	303	88
335	304	89
336	—	90
337	305	91
338	306	92
—	307	—
339	308	93
340	—	—
341	309	94
342	310	95
343	311	96
344	312	97
345	313	98
346	314	99
347	314	100
348	315	101
349	316	102
350	317	103
351	—	—
352	318	104
353	319	105

1923*f*

G.W.	*Stud.*	*S.E.*
13	—	**19**
357		261
358		262
359		263

1924*e*

G.W.	*Stud.*	*S.E.*
13	**3**	**19**
361	355	181
	356	182
363	357	183
364	358	184
365	—	185
366	359	—

G.W.	*Stud.*	*S.E.*
13	**3**	**19**
367	360	186
368	361	187
	1924*c*	
13	**3**	**19**
369	339	155
	341	157
	342	158
371	343	159
372	344	160
373	345	161
374	—	—
375	346	162
376	347	163
377	348	164
378	349	165
379	350	166
380	351	167
381	352	168
382	353	169
383	354	170
	1924*b*	
13	**3**	**19**
385	331	147
	332	148
387	333	149
388	334	—
389	335	150
390	—	151
391	336	152
—	337	153
	1924*d*	
13	**5**	**19**
393	243	171
	244	172
395	245	173
396	246	174
397	247	175
398	—	176
399	248	177
400	249	—
401	250	178
402	251	179

G.W.	*Stud.*	*S.E.*
	1924*f*	
13	—	**19**
405		191
406		—
407		192
408		193
409		194
410		195
411		196
412		197
413		198
414		—
415		199
416		200
417		201
418		—
419		202
420		203
421		204
422		205
423		206
424		207
425		—
426		208
427		209
	1922*c*	
13	**8**	**10**
431	123	148
432	123	149
	1920*c*	
13	—	**18**
435		267
436		268
	1921*a*	
13	—	**18**
437		269
438		270
	1921*b*	
13	—	**18**
439		271
440		272

G.W.	*Stud.*	*S.E.*
	1923*g*	
13	—	**19**
441	—	285
	1923*h*	
13	—	**19**
442		289
	1923*i*	
13	—	**19**
443		267
444		268
445		269
	1924*a*	
13	—	**19**
446	—	290
	1925*a*	
14	**3**	**19**
1	363	225
	364	226
3	365	227
4	366	228
5	—	229
6	367	230
7	368	231
8	369	232
	1925*h*	
14	**3**	**19**
9	371	233
	372	234
11	373	235
12	374	236
13	—	237
14	375	238
15	376	239
15	377	239
	1925*j*	
14	**5**	**19**
17	253	241
	254	243

G.W.	*Stud.*	*S.E.*
14	**5**	**19**
	—	244
	255	245
	—	246
	256	247
19	257	248
20	—	249
21	258	—
22	259	250
23	260	251
24	261	252
25	262	253
26	263	254
27	—	255
28	264	256
29	265	257
30	266	258

1925*d*

G.W.	*Stud.*	*S.E.*
14	—	**20**
33		7
34		8
—		9
35		10
36		11
—		12
37		13
38		14
39		15
40		16
41		17
42		18
43		—
44		19
45		20
46		21
47		22
48		23
49		24
50		25
51		26
52		27
53		28
54		29
55		30
56		31
57		—
58		32

G.W.	*Stud.*	*S.E.*
14	—	**20**
59		33
60		34
—		35
61		36
62		37
63		38
64		39
65		40
66		41
67		—
68		42
69		43
70		44
71		45
72		46
73		47
74		48
75		49
76		50
77		51
78		52
79		53
80		—
81		54
82		55
83		56
84		57
85		58
86		59
87		60
—		61
88		62
89		63
90		64
91		65
92		66
93		67
94		68
95		69
96		70

1925*e*

G.W.	*Stud.*	*S.E.*
14	—	**19**
99		213
100		—
101		214
102		215

G.W.	*Stud.*	*S.E.*
14	—	**19**
103		216
104		217
105		218
106		219
107		220
108		221
109		222
110		—

1926*d*

G.W.	*Stud.*	*S.E.*
14	**6**	**20**
111	227	75
	229	77
	229	78
	230	79
	230	80
	231	81
	—	82
	231	83
	232	84
	232	85
	232	86
113	233	87
114	234	88
115	—	89
116	235	—
117	236	90
118	237	91
119	238	92
120	239	93
121	—	94
122	240	95
123	241	96
124	242	97
125	243	98
126	—	99
127	244	100
128	245	—
129	246	101
130	247	102
131	—	103
132	248	104
133	249	—
134	250	105
135	251	106
136	—	107
137	252	108

G.W.	*Stud.*	*S.E.*
14	**6**	**20**
138	253	109
139	254	110
140	255	111
141	256	112
142	—	113
143	257	114
144	258	115
145	259	116
146	260	—
147	261	117
148	262	118
149	263	119
150	264	120
151	—	121
152	265	122
153	266	123
154	267	124
155	—	125
156	268	126
157	269	127
158	270	128
159	271	129
160	272	130
161	272	131
162	273	132
163	274	133
164	—	134
165	275	135
166	276	—
167	277	136
168	278	137
169	279	138
170	—	139
171	280	140
172	281	141
173	282	142
174	283	143
175	284	144
176	285	145
177	—	146
178	286	—
179	287	147
180	288	148
181	289	149
182	290	150
183	—	151
184	291	152
185	292	153

G.W.	*Stud.*	*S.E.*
14	**6**	**20**
186	293	154
187	294	155
188	294	156
189	295	157
190	296	158
191	—	159
192	297	—
193	298	160
194	299	161
195	300	162
196	301	163
197	—	164
198	302	165
199	303	166
200	304	167
201	305	168
202	—	169
203	306	170
204	307	171
205	308	172

1926*e*

14	**Erg.**	**20**
207	271	177
	273	179
	—	180
	274	181
209	275	183
210	276	184
211	277	185
212	278	186
213	279	187
214	—	188
215	280	189
216	281	190
217	282	191
218	283	—
219	284	192
220	285	193
221	286	194
222	287	195
223	—	196
224	288	197
225	289	198
226	290	199
227	291	200
228	292	201

G.W.	*Stud.*	*S.E.*
14	**Erg.**	**20**
229	293	202
230	—	203
231	294	—
232	295	204
233	296	205
234	297	206
235	298	207
236	299	208
237	300	209
238	—	210
239	301	—
240	302	211
241	303	212
242	304	213
243	305	214
244	—	—
245	306	215
246	307	216
247	308	217
248	309	218
249	310	219
250	311	220
251	312	221
252	—	—
253	313	222
254	314	223
255	315	224
256	316	225
257	317	—
258	—	226
259	318	227
260	319	228
261	320	229
262	321	—
263	—	230
264	322	231
265	323	232
266	324	233
267	325	—
268	—	234
269	326	235
270	327	236
271	328	237
272	329	238
273	330	239
274	331	240
275	332	241
276	333	242

G.W.	*Stud.*	*S.E.*
14	Erg.	**20**
277	334	243
278	—	—
279	335	244
280	336	245
281	337	246
282	—	—
283	338	247
284	339	248
285	340	249
286	341	250

1927*a*

G.W.	*Stud.*	*S.E.*
14	Erg.	**20**
287	342	251
288	—	—
289	343	252
290	344	253
291	345	254
292	346	255
293	347	256
294	—	257
295	348	258
296	349	—

1926*f*

G.W.	*Stud.*	*S.E.*
14	—	**20**
299		263
300		264
301		265
302		266
303		267
304		—
305		268
306		269
307		270

1927*e*

G.W.	*Stud.*	*S.E.*
14	**3**	**21**
309	379	147
	381	149
	382	150
	382	151
311	383	152
312	384	153
313	—	154
314	385	—
14	**3**	**21**
315	386	155
316	387	156
317	388	157

1927*b*

G.W.	*Stud.*	*S.E.*
14	**10**	**13**
319	—	—
321	221	237
322	222	238

1927*c*

G.W.	*Stud.*	*S.E.*
14	**9**	**21**
323	135	1
	137	3
	138	4
325	139	5
326	—	6
327	140	—
328	141	7
329	142	8
330	143	9
331	144	10
332	145	11
333	146	12
334	147	13
335	148	14
336	149	15
337	150	16
338	151	17
339	152	18
340	—	—
341	153	19
342	154	20
343	155	21
344	156	22
345	157	23
346	158	24
347	159	25
348	160	26
349	161	27
350	162	28
351	163	29
352	164	30
353	—	31
354	165	—
355	166	32
14	**9**	**21**
356	167	33
357	168	34
358	169	35
359	170	36
360	171	37
361	—	38
362	172	39
363	173	40
—	174	40
364	175	41
365	—	—
366	176	42
367	177	43
368	178	44
—	—	45
369	179	46
370	180	47
371	181	48
372	182	49
373	183	50
374	184	51
375	—	52
376	185	—
377	186	53
378	187	54
379	188	55
380	189	56

1927*d*

G.W.	*Stud.*	*S.E.*
14	**4**	**21**
381	275	159
	276	160
383	277	161
384	—	—
385	278	162
386	279	163
387	280	164
388	281	165
389	282	166

1928*a*

G.W.	*Stud.*	*S.E.*
14	—	**21**
393		169
394		170
395		171
396		172

1928*b*

G.W.	*Stud.*	*S.E.*
14	**10**	**21**
397	267	173
	269	175
	270	176
399	271	177
400	—	—
401	272	178
402	273	179
403	274	180
404	275	181
405	—	182
406	276	183
407	277	—
408	278	184
409	279	185
410	—	186
411	280	187
412	281	188
413	282	189
414	283	190
415	284	191
416	—	192
417	285	193
418	286	194

1930*a*

G.W.	*Stud.*	*S.E.*
14	**9**	**21**
419	191	57
	193	59
	—	60
	194	61
	195	62
	196	63
421	197	64
422	—	65
423	198	66
424	199	67
425	200	68
426	201	69
427	202	—
428	—	70
429	203	71
430	204	72
431	205	73
431	206	73
432	—	74
14	**9**	**21**
433	207	75
434	208	76
435	209	77
436	210	78
437	—	79
438	211	80
439	212	81
440	213	—
441	214	82
442	215	83
443	216	84
444	217	85
445	—	86
446	218	87
447	219	88
448	220	89
449	221	90
450	—	91
451	222	92
452	223	93
453	224	94
454	225	—
455	226	95
456	—	96
457	227	97
458	228	98
458	229	98
—	—	99
459	230	100
460	—	101
461	231	—
462	232	102
463	233	103
464	234	104
465	—	105
—	235	106
466	235	107
466	236	—
467	237	108
468	238	109
469	239	110
470	240	111
471	241	112
472	—	—
473	242	113
474	243	114
475	244	115
—	—	116
14	**9**	**21**
476	245	117
477	246	118
478	247	119
479	—	120
480	248	121
481	249	122
482	250	123
483	251	124
484	—	125
485	252	126
486	253	—
487	254	127
488	255	128
489	256	129
490	—	130
491	257	131
492	258	132
493	259	133
494	260	134
495	261	135
496	262	136
497	263	137
498	264	138
499	—	139
500	265	140
501	266	141
502	267	142
503	268	—
504	—	143
505	269	144
506	270	145

1931*a*

G.W.	*Stud.*	*S.E.*
14	**5**	**21**
507	267	215
	268	216
509	269	217
510	—	—
511	270	218
512	271	219
513	272	220

1931*b*

G.W.	*Stud.*	*S.E.*
14	**5**	**21**
515	273	221
	274	223

G.W.	*Stud.*	*S.E.*
14	**5**	**21**
	274	224
517	275	225
518	—	—
519	276	226
520	277	227
521	278	228
522	279	229
523	280	230
524	281	231
525	282	232
526	—	233
527	283	234
528	284	—
529	285	235
530	286	236
531	—	237
532	287	238
533	288	239
534	289	240
535	290	241
536	291	242
537	292	243

1931*d*

G.W.	*Stud.*	*S.E.*
14	—	**21**
541		251
542		252
—		253

1930*d*

G.W.	*Stud.*	*S.E.*
14	**10**	**21**
543	287	205
	289	206
	290	206
545	289	—
545	291	207
546	291	207

1930*e*

G.W.	*Stud.*	*S.E.*
14	**10**	**21**
547	292	208
548	293	209
549	294	210
—	295	211
550	296	212

1926*a*

G.W.	*Stud.*	*S.E.*
14	—	**20**
553		279

1929*a*

G.W.	*Stud.*	*S.E.*
14	—	**21**
554		249
555		250

1925*b*

G.W.	*Stud.*	*S.E.*
14	—	**19**
556		291

1925*c*

G.W.	*Stud.*	*S.E.*
14	—	**19**
557		292

1929*b*

G.W.	*Stud.*	*S.E.*
14	—	**21**
558		203
559		—
560		204

1931*e*

G.W.	*Stud.*	*S.E.*
14	—	**21**
561		259

1925*g*

G.W.	*Stud.*	*S.E.*
14	—	**19**
562		279
563		280

1926*b*

G.W.	*Stud.*	*S.E.*
14	—	**20**
564		277
—		278

1925*f*

G.W.	*Stud.*	*S.E.*
14	—	**19**
565		273
566		274
567		275

1926*c*

G.W.	*Stud.*	*S.E.*
14	—	**20**
568		280

1934*b*

G.W.	*Stud.*	*S.E.*
14	**9**	**13**
569	293	*15*

1930*c*

G.W.	*Stud.*	*S.E.*
14	—	**21**
570		254
571		255

1930*b*

G.W.	*Stud.*	*S.E.*
14	—	**21**
572		257

1931*c*

G.W.	*Stud.*	*S.E.*
14	—	**21**
573		256

1933*a*

G.W.	*Stud.*	*S.E.*
15	**1**	**22**
1	447	1
2		
	448	3
	448	4
3	449	5
4	450	6
5	—	—
6	451	7
7	452	8
8	—	—
9	453	9
10	454	10
11	455	11
12	456	12
13	—	13
14	457	14
15	458	15
16	459	16
17	460	17
18	—	18
19	461	19

G.W.	*Stud.*	*S.E.*	*G.W.*	*Stud.*	*S.E.*	*G.W.*	*Stud.*	*S.E.*
15	**1**	**22**	**15**	**1**	**22**	**15**	**1**	**22**
20	462	20	68	501	62	114	540	107
21	463	—	69	—	63	115	—	108
22	464	21	70	502	64	116	541	109
23	—	22	71	503	65	117	542	110
24	465	23	72	504	66	118	543	111
25	466	24	73	505	67	119	544	112
26	467	25	74	506	68	120	545	113
27	468	26	75	507	69	121	—	114
28	469	27	76	—	—	122	546	115
29	—	28	77	508	70	123	547	116
30	470	29	78	509	71	124	548	—
31	471	30	79	510	72	125	549	117
32	472	31	80	511	73	126	—	118
33	473	32	81	512	74	127	550	119
34	—	33	82	513	75	128	551	120
35	474	—	83	514	76	129	552	121
36	475	34	84	—	77	130	553	122
37	476	35	85	515	78	131	—	123
38	477	36	—	—	79	132	554	—
39	—	37	86	516	80	133	555	124
40	478	38	87	517	—	134	556	125
41	479	39	88	518	81	135	557	126
42	480	40	89	—	82	136	—	127
43	481	41	90	519	83	137	558	128
44	—	—	91	520	84	138	559	129
45	482	42	92	521	85	139	560	130
46	483	43	93	522	86	140	561	—
47	484	44	94	523	87	141	562	131
48	485	45	95	—	88	142	—	132
49	—	46	96	524	89	143	563	133
50	486	47	—	—	90	144	564	134
51	487	48	97	525	91	145	565	135
52	488	—	98	526	92	146	566	136
53	489	49	99	527	93	147	—	137
54	490	50	100	528	94	148	567	—
55	—	51	101	—	—	149	568	138
56	491	52	102	529	95	150	569	139
57	492	53	103	530	96	151	570	140
58	493	54	104	531	97	152	571	141
59	494	55	105	532	98	153	572	142
60	—	56	106	533	99	154	—	143
61	495	—	107	534	100	155	573	144
62	496	57	108	535	101	156	574	145
63	497	58	109	—	102	157	575	146
64	—	59	110	536	103	158	576	147
65	498	—	111	537	104	159	577	148
66	499	60	112	538	105	160	—	149
67	500	61	113	539	106	161	578	150

G.W.	*Stud.*	*S.E.*
15	**1**	**22**
162	579	151
163	580	152
164	581	—
165	—	153
166	582	154
167	583	155
168	584	156
169	585	157
170	586	158
171	—	159
172	587	160
173	588	161
174	589	162
175	590	163
176	591	—
177	—	164
178	592	165
179	593	166
180	594	167
181	595	168
182	596	169
183	—	—
184	597	170
185	598	171
186	599	172
187	600	173
188	—	174
189	601	175
190	602	—
191	603	176
192	604	177
193	605	178
194	—	179
195	606	180
196	607	181
197	608	182

1932*a*

G.W.	*Stud.*	*S.E.*
16	**9**	**22**
1	445	183
	447	185
	448	186
3	449	187
4	450	188
5	451	189
6	—	190
7	452	191
16	**9**	**22**
8	453	192
9	454	193

1933*b*

G.W.	*Stud.*	*S.E.*
16	**9**	**22**
11	271	195
	272	197
	273	198
	274	
12		199
		200
		201
		202
13	275	203
14	276	204
15	—	205
16	277	206
17	278	—
18	279	207
19	280	208
20	281	209
21	—	210
22	282	211
23	283	212
24	284	213
25	285	214
26	286	215
27	286	—

1935*a*

G.W.	*Stud.*	*S.E.*
16	—	**20**
31		71
32		72
33		—
34		73
—		74

1935*b*

G.W.	*Stud.*	*S.E.*
16	—	**22**
37		233
38		234
39		235

1937*d*

G.W.	*Stud.*	*S.E.*
16	Erg.	**23**
41	393	255
	394	256
43	395	257
44	—	258
45	396	259
46	397	—
47	398	260
48	399	261
49	400	262
50	401	263
51	—	264
52	402	265
53	403	266
54	404	267
55	405	268
56	406	269

1937*c*

G.W.	*Stud.*	*S.E.*
16	Erg.	**23**
57	351	209
	352	211
	—	212
	353	213
	354	214
	355	215
	356	—
59	357	216
60	—	—
61	358	217
62	359	218
63	360	219
64	361	220
65	362	221
66	363	222
67	364	223
68	365	224
69	366	225
70	—	226
71	367	227
72	368	228
73	369	229
74	370	230
75	371	—
76	372	231
77	—	332

G.W.	*Stud.*	*S.E.*
16	Erg.	**23**
78	373	233
79	374	234
80	375	235
81	376	236
82	377	237
83	378	—
84	—	238
85	379	239
86	380	240
87	381	241
88	382	242
89	383	243
90	384	244
91	385	245
92	386	246
93	387	247
94	—	248
95	388	249
96	389	250
97	390	—
98	391	251
99	392	252
—	—	253

1939*a*

16	**9**	**23**
101	455	1
	457	3
	—	4
	458	5
103	459	7
104	—	8
105	460	9
106	461	10
107	462	11
108	463	12
109	464	13
110	465	—
111	—	14
112	466	15
113	467	16
114	468	17
115	—	18
116	469	—
117	470	19
118	471	20
119	472	21

G.W.	*Stud.*	*S.E.*
16	**9**	**23**
120	473	22
121	474	23
122	—	24
123	475	25
124	476	26
125	477	—
126	478	27
127	479	28
128	—	29
129	480	30
130	481	31
131	482	32
132	483	33
133	484	34
134	—	35
135	485	36
136	486	37
137	487	—
138	488	38
139	489	39
140	—	40
141	490	41
142	491	42
143	492	43
144	493	44
145	494	—
146	—	45
147	495	46
148	496	47
149	497	48
150	498	49
151	499	50
152	—	—
153	500	51
154	501	52
155	502	53
156	503	54
157	504	55
158	505	56
159	506	57
160	507	58
161	508	—
162	—	59
163	509	60
164	510	61
165	511	62
166	512	63
167	513	64

G.W.	*Stud.*	*S.E.*
16	**9**	**23**
168	514	65
169	—	—
170	515	66
171	516	67
172	517	68
173	518	69
174	519	70
175	—	71
176	520	—
177	521	72
178	522	73
179	523	74
180	524	75
181	—	76
182	525	77
183	526	78
184	527	79
185	528	—
186	529	80
187	530	81
188	531	82
189	—	83
190	532	84
191	533	85
192	534	86
193	535	87
194	536	88
195	537	89
196	—	90
197	538	91
198	539	92
199	540	93
200	541	—
201	542	94
202	543	95
203	—	96
204	544	97
205	545	98
206	546	99
207	547	100
208	548	101
209	548	102
—	549	102
210	550	103
211	551	104
212	552	105
213	—	106
214	553	107

G.W.	Stud.	S.E.
16	**9**	**23**
215	554	108
216	555	109
217	556	110
218	557	111
219	558	112
220	—	—
221	559	113
222	560	114
223	561	115
224	562	116
225	563	117
226	564	118
227	565	119
228	566	120
229	—	121
230	567	122
231	568	123
232	569	124
233	570	125
234	571	126
235	—	—
236	572	127
237	573	128
238	574	129
239	575	130
240	576	131
241	577	132
242	578	133
243	579	134
244	—	135
245	580	136
246	581	137
	1935*c*	
16	—	**22**
249		255
	1936*a*	
16	**4**	**22**
	283	237
	284	238
250	285	239
251	286	240
252	287	241
—	—	242
253	288	243

G.W.	Stud.	S.E.
16	**4**	**22**
254	289	244
—	290	—
255	291	245
256	292	246
—	—	247
257	293	248
	1932*c*	
16	—	**22**
261		219
262		220
263		221
264		222
—		223
265		224
266		—
	1933*c*	
16	—	**22**
267		227
268		228
269		229
	1937*a*	
16	—	**23**
270		297
—		298
	1932*b*	
16	—	**21**
273		258
	1934*a*	
16	—	**15**
274		11
275		12
	1933*d*	
16	—	**22**
276		254

G.W.	Stud.	S.E.
	1941*a*	
17	—	**1**
5		147
6		148
	1940*d*	
17	—	**1**
9		151
10		152
11		—
12		153
13		154
	1941*b*	
17	—	**1**
17		149
18		150
	1941*c*	
17	—	**5**
21		623
22		624
23		625
	1941*d*	
17	—	**18**
27		177
28		178
29		179
30		180
31		181
32		182
33		183
34		—
35		184
36		185
37		186
38		187
39		188
40		189
41		190
42		191
43		**192**
44		**193**

G.W.	*Stud.*	*S.E.*
	1940*c*	
17	—	**18**
47		273
48		274
	1941*e*	
17	—	**20**
51		273
52		274
53		—
	1940*e*	
17	**3**	**23**
57	389	271
	390	273
	—	274
59	391	275
60	392	276
61	393	277
62	394	278
	1940*a*	
17	Erg.	**23**
63	407	139
	409	141
	410	142
	410	143
67		144
68		145
69		146
—		147
70		148
71		149
72		150
73		151
74		152

G.W.	*Stud.*	*S.E.*
17	Erg.	**32**
75		153
76		154
77		155
78		156
79		157
80		158
81		159
82		160
83		161
84		162
85		163
86		164
87		165
88		166
89		167
90		168
91		169
92		170
93		171
94		—
—		—
97	411	172
98	412	173
99	413	174
100	—	—
101	414	175
102	415	176
103	416	177
104	417	178
105	418	179
106	419	180
107	420	181
108	421	182
109		183
110		184
111		185
112		186
113		—
114		187

G.W.	*Stud.*	*S.E.*
17	Erg.	**23**
115		188
116		189
117		190
118		191
119		192
120		193
121		194
—		—
125		195
126		196
127		197
128		198
129		199
130		200
131		201
132		202
133		203
134		—
135		204
136		205
137		206
138		207
	1940*b*	
17	—	**23**
141		281
142		282
143		283
144		—
145		284
146		285
147		286
	1941*f*	
17	—	**23**
151		299
152		300

TABELLE II

ausgehend von der *Studienausgabe*

(Die Reihenfolge richtet sich nach den Bandnummern und Seitenzahlen der *Studienausgabe*, soweit ihnen Arbeiten in den *Gesammelten Werken* entsprechen; es sind jeweils die ersten und letzten Seitenzahlen angegeben; sollen Seitenzahlen im einzelnen aufgefunden werden, ist Tabelle I zur Ergänzung heranzuziehen. Arbeiten, die zwar in der *Studienausgabe*, nicht aber in den *Gesammelten Werken* enthalten sind, finden sich in Tabelle IV.)

Stud.	*G.W.*
1916–17	
1	**11**
33	1
445	428
1933*a*	
1	**15**
447	1
608	197
1900*a*	
2	**2/3**
11	*6*
28	*15*
29	1
588	626
1911*b*	
3	**8**
13	229
24	238
1912*g*	
3	**8**
25	429
36	439
1914*c*	
3	**10**
37	137
68	170

Stud.	*G.W.*
1915*c*	
3	**10**
75	209
102	232
1915*d*	
3	**10**
103	247
118	261
1915*e*	
3	**10**
119	263
162	303
1917*d*	
3	**10**
175	411
191	426
1917*e*	
3	**10**
193	427
212	446
1920*g*	
3	**13**
213	1
272	69

Stud.	*G.W.*
1923*b*	
3	**13**
273	235
330	289
1924*b*	
3	**13**
331	385
337	391
1924*c*	
3	**13**
339	369
354	383
1924*e*	
3	**13**
355	361
361	368
1925*a*	
3	**14**
363	1
369	8
1925*h*	
3	**14**
371	9
377	15

Stud.	*G.W.*
1927*e*	
3	**14**
379	309
388	317
1940*e*	
3	**17**
389	57
394	62
1905*c*	
4	**6**
9	1
219	269
1909*c*	
4	**7**
221	225
226	231
1910*e*	
4	**8**
227	213
234	221
1914*f*	
4	**10**
235	203
240	207

Stud.	*G.W.*	*Stud.*	*G.W.*	*Stud.*	*G.W.*	*Stud.*	*G.W.*
1919*h*		1912*d*		1896*c*		1909*d*	
4	**12**	**5**	**8**	**6**	**1**	**7**	**7**
241	227	197	78	51	423	31	379
274	268	209	91	81	459	103	463
1927*d*		1918*a*		1905*e*		1913*i*	
4	**14**	**5**	**12**	**6**	**5**	**7**	**8**
275	381	211	159	83	161	105	441
282	389	228	180	186	286	117	452
1936*a*		1913*g*		1908*a*		1916*b*	
4	**16**	**5**	**8**	**6**	**7**	**7**	**10**
283	250	229	421	187	189	119	397
293	257	234	427	195	199	122	400
1898*a*		1923*e*		1909*a*		1917*c*	
5	**1**	**5**	**13**	**6**	**7**	**7**	**10**
11	489	235	291	197	233	123	401
35	516	241	298	203	240	131	410
1905*d*		1924*d*		1910*i*		1911*c*	
5	**5**	**5**	**13**	**6**	**8**	**7**	**8**
37	27	243	393	205	93	133	239
145	145	251	402	213	102	200	316
1906*a*		1925*j*		1912*c*		1912*a*	
5	**5**	**5**	**14**	**6**	**8**	**7**	**8**
147	147	253	17	215	321	201	317
157	159	266	30	326	330	203	320
1907*c*		1931*a*		1926*d*		1915*f*	
5	**7**	**5**	**14**	**6**	**14**	**7**	**10**
159	17	267	507	227	111	205	233
168	27	272	513	308	205	216	246
1908*c*		1931*b*		1907*b*		1922*b*	
5	**7**	**5**	**14**	**7**	**7**	**7**	**13**
169	169	273	515	11	127	217	193
184	188	292	537	21	139	228	207
1910*h*		1895*b*		1908*b*		1919*e*	
5	**8**	**6**	**1**	**7**	**7**	**7**	**12**
185	65	25	313	23	201	229	195
195	77	49	342	30	209	254	226

Stud.	*G.W.*
1920*a*	
7	**12**
255	269
281	302
1923*d*	
7	**13**
283	315
319	353
1909*b*	
8	**7**
9	241
122	377
1922*c*	
8	**13**
123	431
123	432
1918*b*	
8	**12**
125	27
231	157
1908*d*	
9	**7**
9	141
32	167
1915*b*	
9	**10**
33	323
60	355
1921*c*	
9	**13**
61	71
134	161
1927*c*	
9	**14**
135	323
189	380

Stud.	*G.W.*
1930*a*	
9	**14**
191	419
270	506
1933*b*	
9	**16**
271	11
286	27
1912–13	
9	**9**
287	1
444	194
1934*b*	
9	**14**
293	569
1932*a*	
9	**16**
445	1
454	9
1939*a*	
9	**16**
455	101
581	246
1907*a*	
10	**7**
9	29
85	125
1910*c*	
10	**8**
87	127
159	211
1908*e*	
10	**7**
169	211
179	223

Stud.	*G.W.*
1913*f*	
10	**10**
181	23
193	37
1914*b*	
10	**10**
195	171
220	201
1927*b*	
10	**14**
221	321
222	322
1916*a*	
10	**10**
223	357
227	361
1916*d*	
10	**10**
229	363
253	391
1917*b*	
10	**12**
255	13
266	26
1928*b*	
10	**14**
267	397
286	418
1930*d*	
10	**14**
287	543
291	546
1930*e*	
10	**14**
292	547
296	550

Stud.	*G.W.*
1890*a*	
Erg.	**5**
13	287
35	315
18.5*d*	
Erg.	**1**
37	75
49	252
97	312
1904*a*	
Erg.	**5**
99	1
106	10
1905*a*	
Erg.	**5**
107	11
119	26
1910*d*	
Erg.	**8**
121	103
132	115
1910*k*	
Erg.	**8**
133	117
141	125
1911*e*	
Erg.	**8**
149	349
156	357
1912*b*	
Erg.	**8**
157	363
168	374
1912*e*	
Erg.	**8**
169	375
180	387

Stud.	*G.W.*	*Stud.*	*G.W.*	*Stud.*	*G.W.*	*Stud.*	*G.W.*
1913*c*		1914*a*		1923*c*		1937*c*	
Erg.	**8**	Erg.	**10**	Erg.	**13**	Erg.	**16**
181	453	231	115	257	299	351	57
203	478	238	123	270	314	392	99
1914*g*		1919*a*		1926*e*		1937*d*	
Erg.	**10**	Erg.	**12**	Erg.	**14**	Erg.	**16**
205	125	239	181	271	207	393	41
215	136	249	194	341	286	406	56
1915*a*		1920*b*		1927*a*		1940*a*	
Erg.	**10**	Erg.	**12**	Erg.	**14**	Erg.	**17**
217	305	251	307	342	287	407	63
230	321	255	312	349	296	411	97
						421	108

TABELLE III

ausgehend von der *Standard Edition*

(Die Reihenfolge richtet sich nach den Bandnummern und Seitenzahlen der *Standard Edition,* soweit ihnen Arbeiten in den *Gesammelten Werken* entsprechen; es sind jeweils die ersten und letzten Seitenzahlen angegeben; sollen Seitenzahlen im einzelnen aufgefunden werden, ist Tabelle I zur Ergänzung heranzuziehen. Arbeiten, die zwar in der *Standard Edition,* nicht aber in den *Gesammelten Werken* enthalten sind, finden sich in Tabelle IV.)

S.E.	*G.W.*
1892–93*b*	
1	**1**
117	3
128	17
1941*a*	
1	**17**
147	5
148	6
1941*b*	
1	**17**
149	17
150	18
1940*d*	
1	**17**
151	9
154	13
1893*c*	
1	**1**
160	39
172	55
1895*d*	
2	**1**
29	77
31	80

S.E.	*G.W.*
1893*a*	
2	**1**
3	81
17	98
1895*d*	
2	**1**
48	99
305	312
1906*b*	
3	**1**
5	557
6	558
—	560
1893*f*	
3	**1**
11	21
23	35
1894*a*	
3	**1**
45	59
61	74
1895*c*	
3	**1**
74	345
82	353

S.E.	*G.W.*
1895*b*	
3	**1**
90	315
115	342
1895*f*	
3	**1**
123	357
139	376
1896*a*	
3	**1**
143	407
156	422
1896*b*	
3	**1**
162	379
185	403
1896*c*	
3	**1**
191	425
221	459
1897*b*	
3	**1**
227	463
256	488

S.E.	*G.W.*
1898*a*	
3	**1**
263	491
285	516
1898*b*	
3	**1**
289	519
297	527
1899*a*	
3	**1**
303	531
322	554
1900*a*	
4	**2/3**
23	7
31	*15*
1	1
338	343
1900*a*	
5	**2/3**
339	344
621	626
1941*c*	
5	**17**
623	21
625	23

S.E.	*G.W.*	*S.E.*	*G.W.*	*S.E.*	*G.W.*	*S.E.*	*G.W.*
1901*a*		1907*a*		1909*a*		1910*d*	
5	**2/3**	**9**	**7**	**9**	**7**	**11**	**8**
633	645	7	31	229	235	141	104
686	700	95	125	234	240	151	115
1901*b*		1906*c*		1909*c*		1910*e*	
6	**4**	**9**	**7**	**9**	**7**	**11**	**8**
1	5	103	3	237	227	155	214
279	310	114	15	241	231	161	221
1905*e*		1907*b*		1908*f*		1910*h*	
7	**5**	**9**	**7**	**9**	**7**	**11**	**8**
7	163	117	129	250	467	165	66
122	286	127	139	251	468	175	77
1905*d*		1907*c*		1910*b*		1912*d*	
7	**5**	**9**	**7**	**9**	**7**	**11**	**8**
130	29	131	19	252	469	179	78
243	145	139	27			190	91
1904*a*		1908*e*		1909*b*		1918*a*	
7	**5**	**9**	**7**	**10**	**7**	**11**	**12**
249	3	143	213	5	243	193	161
254	10	153	223	147	377	208	180
1905*a*		1908*a*		1922*c*		1910*i*	
7	**5**	**9**	**7**	**10**	**13**	**11**	**8**
257	13	159	191	148	431	211	94
268	26	166	199	149	432	218	102
1906*a*		1908*b*		1909*d*		1910*k*	
7	**5**	**9**	**7**	**10**	**7**	**11**	**8**
271	149	169	203	155	381	221	118
279	159	175	209	249	463	227	125
1905*b*		1908*d*		1910*a*		1910*g*	
7	**5**	**9**	**7**	**11**	**8**	**11**	**8**
283	289	181	143	9	3	231	62
302	315	204	167	55	60	232	64
1905*c*		1908*c*		1910*c*		1910*f*	
8	**6**	**9**	**7**	**11**	**8**	**11**	**8**
9	5	209	171	63	128	233	224
236	269	226	188	137	211	235	225

S.E.	*G.W.*
1910*j*	
11	**8**
236	228
237	—
1911*c*	
12	**8**
9	240
79	316
1912*a*	
12	**8**
80	317
82	320
1911*e*	
12	**8**
91	350
96	357
1912*b*	
12	**8**
99	364
108	374
1912*e*	
12	**8**
111	376
120	387
1913*c*	
12	**8**
123	454
144	478
1914*g*	
12	**10**
147	126
156	136
1915*a*	
12	**10**
159	306
171	321

S.E.	*G.W.*
1911*b*	
12	**8**
218	230
226	238
1912*c*	
12	**8**
231	322
238	330
1912*f*	
12	**8**
243	332
254	345
1912*g*	
12	**8**
260	430
266	439
1913*a*	
12	**10**
269	12
277	22
1913*d*	
12	**10**
281	2
287	9
1913*f*	
12	**10**
291	24
301	37
1913*g*	
12	**8**
305	422
309	427
1913*i*	
12	**8**
317	442
326	452

S.E.	*G.W.*
1913*b*	
12	**10**
329	448
331	450
1913*k*	
12	**10**
335	453
337	455
1911*d*	
12	**8**
341	348
1911*f*	
12	**8**
342	360
344	361
1913*e*	
12	**10**
345	451
346	452
1912–13	
13	**9**
13	3
14	4
1934*b*	
13	**14**
15	569
1912–13	
13	**9**
1	5
161	194
1913*j*	
13	**8**
165	390
190	420

S.E.	*G.W.*
1913*h*	
13	**10**
193	40
198	42
1914*a*	
13	**10**
201	116
207	123
1914*b*	
13	**10**
211	172
236	201
1927*b*	
13	**14**
237	321
238	322
1914*f*	
13	**10**
241	204
244	207
1914*d*	
14	**10**
7	44
66	113
1914*c*	
14	**10**
73	138
102	170
1915*c*	
14	**10**
117	210
140	232
1915*d*	
14	**10**
146	248
158	261

S.E.	G.W.
1915e	
14	**10**
166	264
204	303
1917d	
14	**10**
222	412
235	426
1917e	
14	**10**
243	428
258	446
1915f	
14	**10**
263	234
272	246
1915b	
14	**10**
275	324
300	355
1916a	
14	**10**
305	358
307	361
1916d	
14	**10**
311	364
333	391
1916b	
14	**10**
337	398
338	400
1916c	
14	**10**
339	394
340	395

S.E.	G.W.
1919i	
14	**10**
341	456
1916–17	
15	**11**
9	3
10	4
1934a	
15	**16**
11	274
12	275
1916–17	
15	**11**
15	7
239	246
1916–17	
16	**11**
243	249
463	482
1918b	
17	**12**
7	29
121	157
1917c	
17	**10**
127	402
133	410
1917a	
17	**12**
137	3
144	12
1917b	
17	**12**
147	15
156	26

S.E.	G.W.
1919a	
17	**12**
159	183
168	194
1919e	
17	**12**
179	197
204	226
1919d	
17	**12**
207	321
210	324
1919h	
17	**12**
219	229
252	268
1919g	
17	**12**
259	325
263	329
1919c	
17	**12**
267	333
270	337
1919b	
17	**12**
271	315
272	—
1919f	
17	**12**
273	316
275	318
1920g	
18	**13**
7	3
64	69

S.E.	G.W.
1921c	
18	**13**
69	73
143	161
1920a	
18	**12**
147	271
172	302
1941d	
18	**17**
177	27
193	44
1922a	
18	**13**
197	165
220	191
1922b	
18	**13**
223	195
232	207
1923a	
18	**13**
235	211
259	233
1920b	
18	**12**
263	309
265	312
1920d	
18	**12**
266	305
—	306
1920c	
18	**13**
267	435
268	436

S.E.	*G.W.*
1921*a*	
18	**13**
269	437
270	438
1921*b*	
18	**13**
271	439
272	440
1940*c*	
18	**17**
273	47
274	48
1923*b*	
19	**13**
12	237
59	289
1923*d*	
19	**13**
72	317
105	353
1923*c*	
19	**13**
109	301
121	314
1925*i*	
19	**1**
127	561
138	573
1923*e*	
19	**13**
141	293
145	298
1924*b*	
19	**13**
149	387
153	391

S.E.	*G.W.*
1924*c*	
19	**13**
159	371
170	383
1924*d*	
19	**13**
173	395
179	402
1924*e*	
19	**13**
183	363
187	368
1924*f*	
19	**13**
191	405
209	427
1925*e*	
19	**14**
213	99
222	110
1925*a*	
19	**14**
227	3
232	8
1925*h*	
19	**14**
235	11
239	15
1925*j*	
19	**14**
248	19
258	30
1923*f*	
19	**13**
261	357
263	359

S.E.	*G.W.*
1923*i*	
19	**13**
267	443
269	445
1925*f*	
19	**14**
273	565
275	567
1925*g*	
19	**14**
279	562
280	563
1923*g*	
19	**13**
285	441
1923*h*	
19	**13**
289	442
1924*a*	
19	**13**
290	446
1925*b*	
19	**14**
291	556
1925*c*	
19	**14**
292	557
1925*d*	
20	**14**
7	33
70	96

S.E.	*G.W.*
1935*a*	
20	**16**
71	31
74	34
1926*d*	
20	**14**
87	113
172	205
1926*e*	
20	**14**
183	209
250	286
1927*a*	
20	**14**
251	287
258	296
1926*f*	
20	**14**
263	299
270	307
1941*e*	
20	**17**
273	51
274	53
1926*b*	
20	**14**
277	564
278	—
1926*a*	
20	**14**
279	553
1926*c*	
20	**14**
280	568

S.E.	*G.W.*
1927*c*	
21	**14**
5	325
56	380
1930*a*	
21	**14**
64	421
145	506
1927*e*	
21	**14**
152	311
157	317
1927*d*	
21	**14**
161	383
166	389
1928*a*	
21	**14**
169	393
172	396
1928*b*	
21	**14**
177	399
194	418
1929*b*	
21	**14**
203	558
204	560
1930*d*	
21	**14**
207	545
—	546
1930*e*	
21	**14**
208	547
212	550

S.E.	*G.W.*
1931*a*	
21	**14**
217	509
220	513
1931*b*	
21	**14**
225	517
243	537
1929*a*	
21	**14**
249	554
250	555
1931*d*	
21	**14**
251	541
253	542
1930*c*	
21	**14**
254	570
255	571
1931*c*	
21	**14**
256	573
1930*b*	
21	**14**
257	572
1932*b*	
21	**16**
258	273
1931*e*	
21	**14**
259	561

S.E.	*G.W.*
1933*a*	
22	**15**
5	3
182	197
1932*a*	
22	**16**
187	3
193	9
1933*b*	
22	**16**
197	12
215	27
1932*c*	
22	**16**
219	261
224	266
1933*c*	
22	**16**
227	267
229	269
1935*b*	
22	**16**
233	37
235	39
1936*a*	
22	**16**
239	250
248	257
1933*d*	
22	**16**
254	276
1935*c*	
22	**16**
255	249

S.E.	*G.W.*
1939*a*	
23	**16**
7	103
137	246
1940*a*	
23	**17**
144	67
207	138
1937*c*	
23	**16**
216	59
253	99
1937*d*	
23	**16**
257	43
269	56
1940*e*	
23	**17**
275	59
278	62
1940*b*	
23	**17**
281	141
286	147
1937*a*	
23	**16**
297	270
298	—
1941*f*	
23	**17**
299	151
300	152

TABELLE IV

Folgende Arbeiten sind in der *Standard Edition* bzw. *Studienausgabe* enthalten, nicht aber in den *Gesammelten Werken*

Eintragung in der Gesamt-bibliographie	Band-Nr. *S.E.*	Seiten-zahlen *S.E.*
1886*d*	1	25–31
1886*f*	1	21–22
1887*a*	1	35
1887*b*	1	36
1888*b*	1	41–59
1888–89	1	75–85
1889*a*	1	91–102
1891*d*	1	105–114
1892*a*	1	133–143
1893*h*	3	27–39
1896*d*	1	86–87
1901*c*	3	325
1903*a*	9	253
1904*b*	9	254
1904*e*	9	255
1907*d*	9	245–247
1907*e*	9	248–249
1910*m*	11	238
1913*m*	12	207–211
1915*g*	14	301–302
1919*j*	17	171–173
1920*f*	18	4–5
1922*e*	19	283–284
1924*g*	19	286–288
1928*c*	21	247–248
1931*f*	22	251–252
1936*b*	22	253
1938*a*	23	291–293
1938*c*	23	301
1942*a*	7	305–310
1950*a*	1	177–392
1955*a*	10	259–318
1955*c*	17	211–215
1956*a*	1	5–15
1957*a*	12	180–203
	Stud.	*Stud.*
1893*h*	6	9–24
1942*a*	10	161–168

Sigmund Freud-Gesamtbibliographie

ERLÄUTERUNGEN ZUM AUFBAU

Die nachfolgende Bibliographie verzeichnet die bis 1975 veröffentlichten Schriften Sigmund Freuds. Sie basiert auf der im letzten Band der englischen Gesamtausgabe, der *Standard Edition of the Complete Psychological Works of Sigmund Freud,* enthaltenen Gesamtbibliographie. Diese löste die ›Chronological Hand-List of Freud's Works‹ (von A. Tyson und J. Strachey, *Int. J. Psycho-Anal.,* 1956, Bd. 37, S. 19ff.) ab, welche Angela Richards vollständig überarbeitet hat; dabei wurden mehrere in der Hand-List nicht genannte und zum Teil erst in der Folgezeit entdeckte Veröffentlichungen neu aufgenommen und eine Reihe bibliographischer Angaben aufgrund jüngerer Informationen korrigiert. Für die Zusammenstellung des vorliegenden Verzeichnisses waren nur geringfügige Ergänzungen notwendig. Wir danken Angela Richards für ihre bereitwillige Hilfe bei dieser Aufgabe und dem Verlag The Hogarth Press, London, für die freundliche Genehmigung zum Abdruck.
Die Bibliographie ist chronologisch angelegt, und zwar entsprechend dem Jahr der Erstveröffentlichung. Innerhalb eines jeden Erscheinungsjahres ist nicht immer die zeitliche Reihenfolge eingehalten. Im gleichen Jahr veröffentlichte Schriften sind durch Kursivbuchstaben unterschieden. Die eckigen Klammern enthalten das Jahr der Niederschrift, sofern es vom Erscheinungsjahr abweicht; so bedeutet z.B. (1955*c* [1920]) daß die betreffende Arbeit 1955 zum erstenmal veröffentlicht, aber bereits 1920 niedergeschrieben wurde.
Bei deutschen und anderen Originaltexten wird zunächst die Erstpublikation genannt, sodann auf die *Gesammelten Schriften,* die *Gesammelten Werke* und die *Studienausgabe* verwiesen; Taschenbucheditionen werden in der Regel nur dann erwähnt, wenn das betreffende Werk nicht in den großen deutschen Ausgaben enthalten ist. Arbeiten, die sich in keiner dieser Editionen befinden, werden nur mit dem Ort ihrer Erstveröffentlichung zitiert. Für die englischen Übersetzungen werden die beiden bekanntesten Editionen genannt: die *Collected Papers* und die *Standard Edition.* Im übrigen werden keine Hinweise auf Übersetzungen gegeben. Sie finden sich in Alexander Grinstein, *Index of Psychoanalytic Writings,* International Universities Press, New York, seit 1956.
Titel von Büchern und Zeitschriften sind kursiv, Titel von Beiträgen zu Zeitschriften oder Büchern in einfache Anführungszeichen gesetzt. Die Abkürzungen entsprechen der *World List of Scientific Periodicals* (London, 1963–65). Weitere in der Bibliographie verwendete Abkürzungen:

G. S.	Sigmund Freud, *Gesammelte Schriften* (12 Bände), Internationaler Psychoanalytischer Verlag, Wien, 1924–34.
G.W.	Sigmund Freud, *Gesammelte Werke* (18 Bände), Imago Publishing Co., London, 1940–52; Bd. 18, Frankfurt am Main, 1968; seit 1960 die gesamte Edition bei S. Fischer Verlag, Frankfurt am Main.
Studienausgabe	Sigmund Freud, *Studienausgabe* (10 Bände sowie unnumerierter Ergänzungsband), S. Fischer Verlag, Frankfurt am Main, 1969–75.
C.P.	Sigmund Freud, *Collected Papers* (5 Bände), The Hogarth Press, London, 1924–50.
Standard Ed.	*The Standard Edition of the Complete Psychological Works of Sigmund Freud* (24 Bände), The Hogarth Press, London, 1953–74.
S.K.S.N.	Sigmund Freud, *Sammlung kleiner Schriften zur Neurosenlehre* (5 Bände), Deuticke, Wien, 1906–13; Heller, Wien, 1918; Internationaler psychoanalytischer Verlag, Wien, 1922.
Almanach 1928	*Almanach für das Jahr 1928,* Internationaler psychoanalytischer Verlag, Wien, 1927.
Almanach 1936	*Almanach der Psychoanalyse 1936,* Internationaler psychoanalytischer Verlag, Wien, 1935.
Almanach 1937	*Almanach der Psychoanalyse 1937,* Internationaler psychoanalytischer Verlag, Wien, 1936.

(1877*a*) ›Über den Ursprung der hinteren Nervenwurzeln im Rückenmarke von Ammocoetes (Petromyzon Planeri)‹, *S.B. Akad. Wiss. Wien* (Math.-Naturwiss. Kl.), III Abt., Bd. 75, S. 15.
(1877*b*) ›Beobachtungen über Gestaltung und feineren Bau der als Hoden beschriebenen *Lappenorgane* des Aals‹, *S.B. Akad. Wiss. Wien* (Math.-Naturwiss. Kl.), I Abt., Bd. 75, S. 419.
(1878*a*) ›Über Spinalganglien und Rückenmark des Petromyzon‹, *S.B. Akad. Wiss. Wien* (Math.-Naturwiss. Kl.), III Abt., Bd. 78, S. 81.
(1879*a*) ›Notiz über eine Methode zur anatomischen Präparation des Nervensystems‹, *Zentbl. med. Wiss.*, Bd. 17 (26), S. 468.
(1880*a*) Übersetzungen von J.St. Mill, ›Enfranchisement of Women‹ (1851); Review of Grote's *Plato and the Other Companions of Sokrates* (1866); ›Thornton on Labour and its Claims‹ (1869); ›Chapters on Socialism‹ (1879), unter den Titeln ›Über Frauenemancipation‹; ›Plato‹; ›Die Arbeiterfrage‹; ›Der Sozialismus‹, in Mill, *Gesammelte Werke,* Bd. 12 (hrsg. v. Th. Gomperz), Leipzig.
(1882*a*) ›Über den Bau der Nervenfasern und Nervenzellen beim Flußkrebs‹, *S.B. Akad. Wiss. Wien* (Math.-Naturwiss. Kl.), III Abt., Bd. 85, S. 9.
(1884*a*) ›Ein Fall von Hirnblutung mit indirekten basalen Herdsymptomen bei Scorbut‹, *Wien. med. Wschr.*, Bd. 34 (9), S. 244, und (10), S. 276.
(1884*b*) ›Eine neue Methode zum Studium des Faserverlaufes im Centralnervensystem‹, *Zentbl. med. Wiss.*, Bd. 22 (11), S. 161.
(1884*c*) ›A New Histological Method for the Study of Nerve-Tracts in the Brain and Spinal Chord‹ [in Englisch], *Brain,* Bd. 7, S. 86.
(1884*d*) ›Eine neue Methode zum Studium des Faserverlaufs im Centralnervensystem‹, *Arch. Anat. Physiol., Lpz.*, Anat. Abt., S. 453.
(1884*e*) ›Über Coca‹, *Zentbl. ges. Ther.*, Bd. 2, S. 289. Neu durchgesehener und vermehrter Separat-Abdruck, Wien, 1885 (siehe 1885*f*).
(1884*f*) ›Die Structur der Elemente des Nervensystems‹, *Jb. Psychiat. Neurol.*, Bd. 5 (3), S. 221.
(1885*a*) ›Beitrag zur Kenntniß der Cocawirkung‹, *Wien. med. Wschr.*, Bd. 35 (5), S. 129.
(1885*b*) ›Über die Allgemeinwirkung des Cocaïns‹, *Med.-chir. Zentbl.*, Bd. 20 (32), S. 374.
(1885*c*) ›Ein Fall von Muskelatrophie mit ausgebreiteten Sensibilitätsstörungen (Syringomyelie)‹, *Wien. med. Wschr.*, Bd. 35 (13), S. 389, und (14), S. 425.
(1885*d*) ›Zur Kenntniß der Olivenzwischenschicht‹, *Neurol. Zentbl.*, Bd. 4 (12), S. 268.

(1885*e*) ›Gutachten über das Parke Cocaïn‹, in Gutt, ›Über die verschiedenen Cocaïn-Präparate und deren Wirkung‹, *Wien. med. Presse,* Bd. 26 (32), S. 1036.

(1885*f*) Nachträge zur Arbeit ›Über Coca‹, im Nachdruck von 1884*e*, Wien, 1885.

(1886*a*) ›Akute multiple Neuritis der spinalen und Hirnnerven‹, *Wien. med. Wschr.,* Bd. 36 (6), S. 168.

(1886*b*) Mit Darkschewitsch, L. O. von, ›Über die Beziehung des Strickkörpers zum Hinterstrang und Hinterstrangskern, nebst Bemerkungen über zwei Felder der Oblongata‹, *Neurol. Zentbl.,* Bd. 5 (6), S. 121.

(1886*c*) ›Über den Ursprung des N[ervus] acusticus‹, *Mschr. Ohrenheilk.,* Neue Folge, Bd. 20 (8), S. 245, und (9), S. 277.

(1886*d*) ›Beobachtung einer hochgradigen Hemianästhesie bei einem hysterischen Manne (Beiträge zur Kasuistik der Hysterie I)‹, *Wien. med. Wschr.,* Bd. 36 (49), S. 1633; *Standard Ed.,* Bd. 1, S. 23.

(1886*e*) Übersetzung von J.-M. Charcot, ›Sur un cas de coxalgie hystérique de cause traumatique chez l'homme‹, unter dem Titel ›Über einen Fall von hysterischer Coxalgie aus traumatischer Ursache bei einem Manne‹, *Wien. med. Wschr.,* Bd. 36, S. 711 und S. 756 (enthalten in 1886*f*).

(1886*f*) Übersetzung (mit Vorwort und zusätzlichen Fußnoten) von J.-M. Charcot, *Leçons sur les maladies du système nerveux,* Bd. III, Paris, 1887, unter dem Titel *Neue Vorlesungen über die Krankheiten des Nervensystems insbesondere über Hysterie,* Wien (enthält 1886*e*); *Standard Ed.,* Bd. 1, S. 17.

(1887*a*) Besprechung von Averbeck, ›Die akute Neurasthenie‹, *Wien. med. Wschr.,* Bd. 37, S. 138; *Standard Ed.,* Bd. 1, S. 35.

(1887*b*) Besprechung von S. Weir Mitchell, *Die Behandlung gewisser Formen von Neurasthenie und Hysterie,* Berlin 1887 (übers. v. G. Klemperer), *Wien. med. Wschr.,* Bd. 37, S. 138; *Standard Ed.,* Bd. 1, S. 36.

(1887*c*) Besprechung von Adamkiewicz, ›Monoplegia anaesthetica‹ *Neurol. Zentbl.,* Bd. 6 (6), S. 131.

(1887*d*)‹Bemerkungen über Cocaïnsucht und Cocaïnfurcht, mit Beziehung auf einen Vortrag W. A. Hammonds‹, *Wien. med. Wschr.,* Bd. 37 (28), S. 929.

(1887*e*) Besprechung von H. Obersteiner, *Anleitung beim Studium des Baues der nervösen Centralorgane im gesunden und kranken Zustande, Wien. med. Wschr.,* Bd. 37 (50), S. 1642.

(1887*f*) ›Das Nervensystem‹, Abschnitt V in *Ärztliche Versicherungsdiagnostik,* hrsg. von Eduard v. Buchheim, Wien.

(1887*g*) Besprechung von J. Pal, ›Ein Beitrag zur Nervenfärbetechnik‹, *Neurol. Zentbl.,* Bd. 6 (3), S. 53.

(1887*h*) Besprechung von Al. Borgherini, ›Beiträge zur Kenntniß der Leitungsbahnen im Rückenmarke‹, *Neurol. Zentbl.,* Bd. 6 (4), S. 79.

(1887*i*) Besprechung von J. Nussbaum, ›Über die wechselseitigen Beziehungen zwischen den centralen Ursprungsgebieten der Augenmuskelnerven‹, *Neurol. Zentbl.,* Bd. 6 (23), S. 543.

(1888*a*) ›Über Hemianopsie im frühesten Kindesalter‹, *Wien. med. Wschr.*, Bd. 38 (32), S. 1081, und (33), S. 1116.

(1888*b*) ›Aphasie‹, ›Gehirn (I. Anatomie des Gehirns)‹, ›Hysterie‹ und ›Hysteroepilepsie‹ in A. Villaret, *Handwörterbuch der gesamten Medizin*, Bd. 1, Stuttgart. (Die Autorschaft beruht auf Vermutung, da die Artikel nicht gezeichnet sind.) *Standard Ed.*, Bd. 1, S. 37 und S. 58 (nur die beiden letztgenannten Artikel).

(1888–89) Übersetzung (mit Einführung und zusätzlichen Fußnoten) von H. Bernheim, *De la suggestion et de ses applications à la thérapeutique*, Paris, 1886, unter dem Titel *Die Suggestion und ihre Heilwirkung*, Wien (Teil II übersetzt von O. v. Springer; die Übersetzung wurde in zwei Hälften veröffentlicht, die erste Hälfte mit dem allgemeinen Teil und Freuds Einführung erschien im Sommer 1888, die zweite Hälfte mit den von O. v. Springer übersetzten Krankengeschichten Anfang 1889). (2., überarb. Aufl. v. M. Kahane, Wien, 1896.) *C.P.*, Bd. 5, S. 11; *Standard Ed.*, Bd. 1, S. 71.

(1889*a*) Besprechung von Auguste Forel, *Der Hypnotismus*, *Wien. med. Wschr.*, Bd. 39, S. 1097 und S. 1892; *Standard Ed.*, Bd. 1, S. 89.

(1890*a*) In der früheren Fassung dieser Bibliographie irrtümlich eingeordnet unter der Jahreszahl (1905*b* [1890]) ›Psychische Behandlung (Seelenbehandlung)‹, in *Die Gesundheit: Ihre Erhaltung, ihre Störungen, ihre Wiederherstellung*, hrsg. v. R. Koßmann und J. Weiß, Stuttgart, Berlin und Leipzig, Bd. 1, S. 368; *G.W.*, Bd. 5, S. 287; *Studienausgabe*, Ergänzungsband, S. 13; *Standard Ed.*, Bd. 7, S. 281.

(1891*a*) Mit Rie, O., *Klinische Studie über die halbseitige Cerebrallähmung der Kinder*, Heft III der *Beiträge zur Kinderheilkunde*, hrsg. v. Kassowitz, Wien.

(1891*b*) *Zur Auffassung der Aphasien*, Wien.

(1891*c*) ›Kinderlähmung‹ und ›Lähmung‹ in A. Villaret, *Handwörterbuch der gesamten Medizin*, Bd. 2, Stuttgart. (Die Autorschaft beruht auf Vermutung, da die Artikel nicht gezeichnet sind.)

(1891*d*) ›Hypnose‹, in A. Bum, *Therapeutisches Lexikon*, S. 724, Wien (2. Aufl., 1893, S. 896; 3. Aufl., 1900, Bd. 1, S. 1110); *Standard Ed.*, Bd. 1, S. 103.

(1892*a*) Übersetzung von H. Bernheim, *Hypnotisme, suggestion et psychothérapie; études nouvelles*, Paris, 1891, unter dem Titel *Neue Studien über Hypnotismus, Suggestion und Psychotherapie*, Wien.

(1892–93) ›Ein Fall von hypnotischer Heilung nebst Bemerkungen über die Entstehung hysterischer Symptome durch den »Gegenwillen«‹, *Zeitschr. Hypnot.*, Bd. 1 (3), S. 102, und (4), S. 123; *G.S.*, Bd. 1, S. 258; *G.W.*, Bd. 1, S. 1; *C.P.*, Bd. 5, S. 33; *Standard Ed.*, Bd. 1, S. 115.

(1892–94) Übersetzung (mit Vorrede und zusätzlichen Fußnoten) von J.-M. Charcot, *Leçons du mardi à la Salpêtrière (1887–8)*, Paris, 1888, unter dem Titel *Poliklinische Vorträge*, Bd. 1, Wien (Bd. 2 übers. v. M. Kahane, Wien, 1895); *Standard Ed.*, Bd. 1, S. 129.

(1893*a*) Mit Breuer, J., ›Über den psychischen Mechanismus hysterischer Phänomene; Vorläufige Mitteilung‹, *Neurol. Centralbl.*, Bd. 12 (1), S. 4

(Abschn. I–II), und Bd. 12 (2), S. 43 (Abschn. III–V); *G.S.*, Bd. 1, S. 7; *G.W.*, Bd. 1, S. 81; *C.P.*, Bd. 1, S. 24; *Standard Ed.*, Bd. 2, S. 1.

(1893*b*) *Zur Kenntniß der cerebralen Diplegien des Kindesalters (im Anschluß an die Little'sche Krankheit)*, Heft III, Neue Folge der *Beiträge zur Kinderheilkunde*, hrsg. v. Kassowitz, Wien.

(1893*c*) ›Quelques considérations pour une étude comparative des paralysies motrices organiques et hystériques‹ [in Französisch], *Arch. Neurol.*, Bd. 26 (77), S. 29; *G.S.*, Bd. 1, S. 273; *G.W.*, Bd. 1, S. 37; *C.P.*, Bd. 1, S. 42; *Standard Ed.*, Bd. 1, S. 155.

(1893*d*) ›Über familiäre Formen von cerebralen Diplegien‹, *Neurol. Zentbl.*, Bd. 12 (15), S. 512, und (16), S. 542.

(1893*e*) ›Les diplégies cérébrales infantiles‹ [in Französisch], *Rev. neurol.*, Bd. 1 (8), S. 177.

(1893*f*) ›Charcot‹ (Nachruf), *Wien. med. Wschr.*, Bd. 43 (37), S. 1513; *G.S.*, Bd. 1, S. 243; *G.W.* Bd. 1, S. 19; *C.P.*, Bd. 1, S. 9; *Standard Ed.*, Bd. 3, S. 7.

(1893*g*) ›Über ein Symptom, das häufig die Enuresis nocturna der Kinder begleitet‹, *Neurol. Zentbl.*, Bd. 12 (21), S. 735.

(1893*h*) Vortrag ›Über den psychischen Mechanismus hysterischer Phänomene‹ [stenographische, vom Autor revidierte Nachschrift], *Wien. med. Presse*, Bd. 34 (4), Kol. 121, und (5), Kol. 165; *Studienausgabe*, Bd. 6, S. 9; *Standard Ed.*, Bd. 3, S. 25.

(1894*a*) ›Die Abwehr-Neuropsychosen‹, *Neurol. Zentbl.*, Bd. 13 (10), S. 362, und (11), S. 402; *G.S.*, Bd. 1, S. 290; *G.W.*, Bd. 1, S. 57; *C.P.*, Bd. 1, S. 59; *Standard Ed.*, Bd. 3, S. 41.

(1895*a*) Besprechung von Edinger, ›Eine neue Theorie über die Ursachen einiger Nervenkrankheiten, insbesondere der Neuritis und Tabes‹, *Wien. klin. Rdsch.*, Bd. 9 (2), S. 27.

(1895*b* [1894]) ›Über die Berechtigung, von der Neurasthenie einen bestimmten Symptomenkomplex als »Angstneurose« abzutrennen‹, *Neurol. Zentbl.*, Bd. 14 (2), S. 50; *G.S.*, Bd. 1, S. 306; *G.W.*, Bd. 1, S. 313; *Studienausgabe*, Bd. 6, S. 25; *C.P.*, Bd. 1, S. 76; *Standard Ed.*, Bd. 3, S. 85.

(1895*c* [1894]) ›Obsessions et phobies‹ [in Französisch], *Rev. neurol.*, Bd. 3 (2), S. 33; *G.S.*, Bd. 1, S. 334; *G.W.*, Bd. 1, S. 343; *C.P.*, Bd. 1, S. 128; *Standard Ed.*, Bd. 3, S. 69.

(1895*d*) Mit Breuer, J., *Studien über Hysterie*, Wien; Neuausgabe Fischer Taschenbuch Verlag, Frankfurt am Main, 1970. Ohne Breuers Beiträge: *G.S.*, Bd. 1, S. 3; *G.W.*, Bd. 1, S. 75; *Studienausgabe*, Ergänzungsband, S. 37 (nur Teil IV: ›Zur Psychotherapie der Hysterie‹); *Standard Ed.*, Bd. 2 (mit Breuers Beiträgen).

(1895*e*) ›Über die Bernhardt'sche Sensibilitätsstörung am Oberschenkel‹, *Neurol. Zentbl.*, Bd. 14 (11), S. 491.

(1895*f*) ›Zur Kritik der »Angstneurose«‹, *Wien. klin. Rdsch.*, Bd. 9 (27), S. 417, (28), S. 435, und (29), S. 451; *G.S.*, Bd. 1, S. 343; *G.W.*, Bd. 1, S. 355; *C.P.*, Bd. 1, S. 107; *Standard Ed.*, Bd. 3, S. 119.

(1895*g*) ›Über Hysterie‹, Zusammenfassungen von drei Vorlesungen Freuds in *Wien. klin. Rdsch.*, Bd. 9 (42–4).

(1895*h*) ›Mechanismus der Zwangsvorstellungen und Phobien‹, vom Autor stammende Zusammenfassung, *Wien. klin. Wschr.*, Bd. 8, S. 496.

(1896*a*) ›L'hérédité et l'étiologie des névroses‹ [in Französisch], *Rev. neurol.*, Bd. 4 (6), S. 161; *G.S.*, Bd. 1, S. 388; *G.W.*, Bd. 1, S. 405; *C.P.*, Bd. 1, S. 138; *Standard Ed.*, Bd. 3, S. 141.

(1896*b*) ›Weitere Bemerkungen über die Abwehr-Neuropsychosen‹, *Neurol. Zentbl.*, Bd. 15 (10), S. 434; *G.S.*, Bd. 1, S. 363; *G.W.*, Bd. 1, S. 377; *C.P.*, Bd. 1, S. 155; *Standard Ed.*, Bd. 3, S. 157.

(1896*c*) ›Zur Ätiologie der Hysterie‹, *Wien. klin. Rdsch.*, Bd. 10 (22), S. 379, (23), S. 395, (24), S. 413, (25), S. 432 und (26), S. 450; *G.S.*, Bd. 1, S. 404; *G.W.*, Bd. 1, S. 423; *Studienausgabe*, Bd. 6, S. 51; *C.P.*, Bd. 1, S. 183; *Standard Ed.*, Bd. 3, S. 187.

(1896*d*) Vorwort zur 2. deutschen Aufl. von H. Bernheim, *Suggestion* (überarb. v. M. Kahane), Wien. *Standard Ed.*, Bd. 1, S. 86.

(1897*a*) *Die infantile Cerebrallähmung*, Teil II, Abt. II, in Nothnagel, *Specielle Pathologie und Therapie*, Bd. 9, Wien.

(1897*b*) *Inhaltsangaben der wissenschaftlichen Arbeiten des Privatdozenten Dr. Sigm. Freud (1877–1897)*, Wien. *G.W.*, Bd. 1, S. 461; *Standard Ed.*, Bd. 3, S. 223.

(1898*a*) ›Die Sexualität in der Ätiologie der Neurosen‹, *Wien. klin. Rdsch.*, Bd. 12 (2), S. 21, (4), S. 55, (5), S. 70, und (7), S. 103; *G.S.*, Bd. 1, S. 439; *G.W.*, Bd. 1, S. 489; *Studienausgabe*, Bd. 5, S. 11; *C.P.*, Bd. 1, S. 220; *Standard Ed.*, Bd. 3, S. 259.

(1898*b*) ›Zum psychischen Mechanismus der Vergeßlichkeit‹, *Mschr. Psychiat. Neurol.*, Bd. 4 (6), S. 436; *G.W.*, Bd. 1, S. 517; *Standard Ed.*, Bd. 3, S. 287.

(1898*c*) ›Cerebrale Kinderlähmung [I]‹ (32 Besprechungen und Zusammenfassungen), *Jbr. Leist. Neurol.*, Bd. 1 (1897), S. 613.

(1899*a*) ›Über Deckerinnerungen‹, *Mschr. Psychiat. Neurol.*, Bd. 6 (3), S.215; *G.S.*, Bd. 1, S. 465; *G.W.*, Bd. 1, S. 529; *C.P.*, Bd. 5, S. 47; *Standard Ed.*, Bd. 3, S. 299.

(1899*b*) ›Cerebrale Kinderlähmung [II]‹ (29 Besprechungen und Zusammenfassungen), *Jbr. Leist. Neurol.*, Bd. 2 (1898), S. 632.

(1900*a*) *Die Traumdeutung*, Wien. *G.S.*, Bd. 2–3; *G.W.*, Bd. 2/3; *Studienausgabe*, Bd. 2; *Standard Ed.*, Bde. 4–5.

(1900*b*) ›Cerebrale Kinderlähmung [III]‹ (22 Besprechungen und Zusammenfassungen), *Jbr. Leist. Neurol.*, Bd. 3 (1899), S. 611.

(1901*a*) *Über den Traum*, Wiesbaden. *G.S.*, Bd. 3, S. 189; *G.W.*, Bd. 2/3, S. 643; *Standard Ed.*, Bd. 5, S. 629.

(1901*b*) *Zur Psychopathologie des Alltagslebens*, *Mschr. Psychiat. Neurol.*, Bd. 10 (1), S. 1, und (2), S. 95; in Buchform: Berlin, 1904. *G.S.*, Bd. 4, S. 3; *G.W.*, Bd. 4; *Standard Ed.*, Bd. 6.

(1901*c* [1899]) Autobiographische Notiz in J. L. Pagel, *Biographisches Lexicon hervorragender Ärzte des neunzehnten Jahrhunderts*, Berlin. Nachgedruckt in Sigmund Freud, *»Selbstdarstellung«; Schriften zur Geschichte der Psychoanalyse* (hrsg. v. Ilse Grubrich-Simitis), Fischer Taschenbuch Verlag, Frankfurt am Main, 1971; *Standard Ed.*, Bd. 3, S. 323.

(1903*a*) Besprechung von Georg Biedenkapp, *Im Kampfe gegen Hirnbacillen, Neue Freie Presse*, 8. Feb., Morgenbl., S. 41; *Standard Ed.*, Bd. 9, S. 253.

(1904*a* [1903]) ›Die Freudsche psychoanalytische Methode‹, in L. Löwenfeld, *Die psychischen Zwangserscheinungen*, Wiesbaden, 1904, S. 545; *G.S.*, Bd. 6, S. 3; *G.W.*, Bd. 5, S. 1; *Studienausgabe*, Ergänzungsband, S. 99; *C.P.*, Bd. 1, S. 264; *Standard Ed.*, Bd. 7, S. 247.

(1904*b*) Besprechung von John Bigelow, *The Mystery of Sleep, Neue Freie Presse*, 4. Febr., Morgenbl., S. 22; *Standard Ed.* Bd. 9, S. 254.

(1904*c*) Besprechung von A. Baumgarten, *Neurasthenie, Wesen, Heilung, Vorbeugung, Neue Freie Presse*, 4. Febr., Morgenbl., S. 22.

(1904*d*) Notiz über ›Magnetische Menschen‹, *Neue Freie Presse*, 6. Nov., Morgenbl., S. 10.

(1904*e*) Nachruf auf Prof. S. Hammerschlag, *Neue Freie Presse*, 11. Nov., Morgenbl., S. 8; *Standard Ed.*, Bd. 9, S. 255.

(1904*f*) Besprechung von L. Löwenfeld, *Die psychischen Zwangserscheinungen, J. Psychol. Neurol.*, Bd. 3, S. 190.

(1905*a* [1904]) ›Über Psychotherapie‹, *Wien. med. Presse*, 1. Jan., S. 9; *G.S.*, Bd. 6, S. 11; *G.W.*, Bd. 5, S. 11; *Studienausgabe*, Ergänzungsband, S. 107; *C.P.*, Bd. 1, S. 249; *Standard Ed.*, Bd. 7, S. 255.

(1905*b* [1890]) Nun unter (1890*a*).

(1905*c*) *Der Witz und seine Beziehung zum Unbewußten*, Wien. *G.S.*, Bd. 9, S. 5; *G.W.*, Bd. 6; *Studienausgabe*, Bd. 4, S. 9; *Standard Ed.*, Bd. 8.

(1905*d*) *Drei Abhandlungen zur Sexualtheorie*, Wien. *G.S.*, Bd. 5, S. 3; *G.W.*, Bd. 5, S. 27; *Studienausgabe*, Bd. 5, S. 37; *Standard Ed.*, Bd. 7, S. 123.

(1905*e* [1901]) ›Bruchstück einer Hysterie-Analyse‹, *Mschr. Psychiat. Neurol.*, Bd. 18 (4), S. 285, und (5), S. 408; *G.S.*, Bd. 8, S. 3; *G.W.*, Bd. 5, S. 161; *Studienausgabe*, Bd. 6, S. 83; *C.P.*, Bd. 3, S. 13; *Standard Ed.*, Bd. 7, S. 1.

(1905*f*) Besprechung von R. Wickmann, *Lebensregeln für Neurastheniker, Neue Freie Presse*, 31. Aug., Morgenbl., S. 21.

(1906*a* [1905]) ›Meine Ansichten über die Rolle der Sexualität in der Ätiologie der Neurosen‹, in L. Löwenfeld, *Sexualleben und Nervenleiden*, Wiesbaden, 4. Aufl., 1906 (5. Aufl., 1914, S. 313); *G.S.*, Bd. 5, S. 123; *G.W.*, Bd. 5, S. 147; *Studienausgabe*, Bd. 5, S. 147; *C.P.*, Bd. 1, S. 272; *Standard Ed.*, Bd. 7, S. 269.

(1906*b*) Vorwort zu S. Freud, *Sammlung kleiner Schriften zur Neurosenlehre aus den Jahren 1893–1906, G.S.*, Bd. 1, S. 241; *G.W.*, Bd. 1, S. 557; *Standard Ed.*, Bd. 3, S. 3.

(1906*c*) ›Tatbestandsdiagnostik und Psychoanalyse‹, *Arch. Krim. Anthrop.*, Bd. 26 (1), S. 1; *G.S.*, Bd. 10, S. 197; *G.W.*, Bd. 7, S. 1; *C.P.*, Bd. 2, S. 13; *Standard Ed.*, Bd. 9, S. 97.

(1906*d*) Zwei Briefe an Magnus Hirschfeld, *Monatsbericht des wissenschaftlich-humanitären Komitees*, Leipzig, Bd. 5 (Febr.), S. 30 (erster Brief unvollständig).

(1906*e* [1904]) Zwei Briefe an Wilhelm Fließ, in Richard Pfenning, *Wilhelm Fließ und seine Nachentdecker: O. Weininger und H. Swoboda,* Berlin.

(1906*f*) Früher (1907*d*) Antwort auf eine Rundfrage *Vom Lesen und von guten Büchern, Neue Blätter für Literatur und Kunst,* Heft 1, Wien; enthalten in 1960*a* (2., erweit. Aufl., 1968, S. 267) als Brief an Hugo Heller (in der Erstauflage an das Antiquariat Hinterberger fehladressiert sowie mit der Angabe 1907 fehldatiert); *Standard Ed.,* Bd. 9, S. 245.

(1907*a* [1906]) *Der Wahn und die Träume in W. Jensens ›Gradiva‹,* Wien. *G.S.,* Bd. 9, S. 273; *G.W.,* Bd. 7, S. 29; *Studienausgabe,* Bd. 10, S. 9; *Standard Ed.,* Bd. 9, S. 1.

(1907*b*) ›Zwangshandlungen und Religionsübungen‹, *Z. Religionspsychol.,* Bd. 1 (1), S. 4; *G.S.,* Bd. 10, S. 210; *G.W.,* Bd. 7, S. 127; *Studienausgabe,* Bd. 7, S. 11; *C.P.,* Bd. 2, S. 25; *Standard Ed.,* Bd. 9, S. 115.

(1907*c*) ›Zur sexuellen Aufklärung der Kinder‹, *Soz. Med. Hyg.,* Bd. 2 (6), S. 360; *G.S.,* Bd. 5, S. 134; *G.W.,* Bd. 7, S. 17; *Studienausgabe,* Bd. 5, S. 159; *C.P.,* Bd. 2, S. 36; *Standard Ed.,* Bd. 9, S. 129.

(1907*d*) Nun unter (1906*f*).

(1907*e*) ›Anzeige‹ der *Schriften zur angewandten Seelenkunde,* in 1907*a* (nur in der 1. Aufl.), S. 82; wiederabgedruckt in *Protokolle der Wiener Psychoanalytischen Vereinigung,* hrsg. von Herman Nunberg † und Ernst Federn, S. Fischer, Frankfurt am Main, 1976, Bd. 1, S. 7, Anm.; *Standard Ed.,* Bd. 9, S. 248.

(1908*a*) ›Hysterische Phantasien und ihre Beziehung zur Bisexualität‹, *Z. Sexualwiss.,* Bd. 1 (1), S. 27; *G.S.,* Bd. 5, S. 246; *G.W.,* Bd. 7, S. 189; *Studienausgabe,* Bd. 6, S. 187; *C.P.,* Bd. 2, S. 51; *Standard Ed.,* Bd. 9, S. 155.

(1908*b*) ›Charakter und Analerotik‹, *Psychiat.-neurol. Wschr.,* Bd. 9 (52), S. 465; *G.S.,* Bd. 5, S. 261; *G.W.,* Bd. 7, S. 201; *Studienausgabe,* Bd. 7, S. 23; *C.P.,* Bd. 2, S. 45; *Standard Ed.,* Bd. 9, S. 167.

(1908*c*) ›Über infantile Sexualtheorien‹, *Sexual-Probleme,* Bd. 4 (12), S. 763; *G.S.,* Bd. 5, S. 168; *G.W.,* Bd. 7, S. 169; *Studienausgabe,* Bd. 5, S. 169; *C.P.,* Bd. 2, S. 59; *Standard Ed.,* Bd. 9, S. 205.

(1908*d*) ›Die »kulturelle« Sexualmoral und die moderne Nervosität‹, *Sexual-Probleme* [*Mutterschutz,* N.F.], Bd. 4 (3), S. 107; *G.S.,* Bd. 5, S. 143; *G.W.,* Bd. 7, S. 141; *Studienausgabe,* Bd. 9, S. 9; *C.P.,* Bd. 2, S. 76; *Standard Ed.,* Bd. 9, S. 177.

(1908*e* [1907]) ›Der Dichter und das Phantasieren‹, *Neue Revue,* Bd. 1 (10), S. 716; *G.S.,* Bd. 10, S. 229; *G.W.,* Bd. 7, S. 211; *Studienausgabe,* Bd. 10, S. 169; *C.P.,* Bd. 4, S. 173; *Standard Ed.,* Bd. 9, S. 141.

(1908*f*) Vorwort zu W. Stekel, *Nervöse Angstzustände und ihre Behandlung, G.S.,* Bd. 11, S. 239; *G.W.,* Bd. 7, S. 467; *Standard Ed.,* Bd. 9, S. 250.

(1909*a* [1908]) ›Allgemeines über den hysterischen Anfall‹, *Z. Psychother. med. Psychol.,* Bd. 1 (1), S. 10; *G.S.,* Bd. 5, S. 255; *G.W.,* Bd. 7, S. 233; *Studienausgabe,* Bd. 6, S. 197; *C.P.,* Bd. 2, S. 100; *Standard Ed.,* Bd. 9, S. 227.

(1909*b*) ›Analyse der Phobie eines fünfjährigen Knaben‹, *Jb. psychoanalyt. psychopath. Forsch.,* Bd. 1 (1), S. 1; *G.S.,* Bd. 8, S. 129; *G.W.,* Bd. 7, S. 241; *Studienausgabe,* Bd. 8, S. 9; *C.P.,* Bd. 3, S. 149; *Standard Ed.,* Bd. 10, S. 1.

(1909*c* [1908]) ›Der Familienroman der Neurotiker‹, in O. Rank, *Der Mythus von der Geburt des Helden,* Leipzig, 1909, S. 64 (2. Aufl., 1922, S. 82); *G.S.*, Bd. 12, S. 367; *G.W.*, Bd. 7, S. 225; *Studienausgabe,* Bd. 4, S. 221; *C.P.*, Bd. 5, S. 74; *Standard Ed.*, Bd. 9, S. 235.

(1909*d*) ›Bemerkungen über einen Fall von Zwangsneurose‹, *Jb. psychoanalyt. psychopath. Forsch.*, Bd. 1 (2), S. 357; *G.S.*, Bd. 8, S. 269; *G.W.*, Bd. 7, S. 379; *Studienausgabe,* Bd. 7, S. 31; *C.P.*, Bd. 3, S. 293; *Standard Ed.*, Bd. 10, S. 151.

(1910*a* [1909]) *Über Psychoanalyse,* Wien. *G.S.*, Bd. 4, S. 349; *G.W.*, Bd. 8, S. 1; *Standard Ed.*, Bd. 11, S. 1.

(1910*b* [1909]) Vorwort zu S. Ferenczi, *Lélekelemzés: Értekezések a pszichoanalizis köréböl* (Aufsätze über Psychoanalyse), *G.S.*, Bd. 11, S. 241; *G.W.*, Bd. 7, S. 469; *Standard Ed.*, Bd. 9, S. 252.

(1910*c*) *Eine Kindheitserinnerung des Leonardo da Vinci,* Wien. *G.S.*, Bd. 9, S. 371; *G.W.*, Bd. 8, S. 127; *Studienausgabe,* Bd. 10, S. 87; *Standard Ed.*, Bd. 11, S. 57.

(1910*d*) ›Die zukünftigen Chancen der psychoanalytischen Therapie‹, *Zentbl. Psychoanal.*, Bd. 1 (1–2), S. 1; *G.S.*, Bd. 6, S. 25; *G.W.*, Bd. 8, S. 103; *Studienausgabe,* Ergänzungsband, S. 121; *C.P.*, Bd. 2, S. 285; *Standard Ed.*, Bd. 11, S. 139.

(1910*e*) ›»Über den Gegensinn der Urworte«‹. *Jb. psychoanalyt. psychopath. Forsch.*, Bd. 2 (1), S. 179; *G.S.*, Bd. 10, S. 221; *G.W.*, Bd. 8, S. 213; *Studienausgabe,* Bd. 4, S. 227; *C.P.*, Bd. 4, S. 184; *Standard Ed.*, Bd. 11, S. 153.

(1910*f*) Brief an Dr. Friedrich S. Krauss über *Anthropophyteia, Anthropophyteia,* Bd. 7, S. 472; *G.S.*, Bd. 11, S. 242; *G.W.*, Bd. 8, S. 223; *Standard Ed.*, Bd. 11, S. 233.

(1910*g*) ›Zur Selbstmord-Diskussion‹, in *Über den Selbstmord* (*Diskussionen des Wiener psychoanalytischen Vereins,* Bd. 1), Wiesbaden, S. 19 und S. 59; *G.S.*, Bd. 3, S. 321; *G.W.*, Bd. 8, S. 61; *Standard Ed.*, Bd. 11, S. 231.

(1910*h*) ›Über einen besonderen Typus der Objektwahl beim Manne‹ (›Beiträge zur Psychologie des Liebeslebens‹ I.), *Jb. psychoanalyt. psychopath. Forsch.*, Bd. 2 (2), S. 389; *G.S.*, Bd. 5, S. 186; *G.W.*, Bd. 8, S. 65; *Studienausgabe,* Bd. 5, S. 185; *C.P.*, Bd. 4, S. 192; *Standard Ed.*, Bd. 11, S. 163.

(1910*i*) ›Die psychogene Sehstörung in psychoanalytischer Auffassung‹, *Ärztliche Fortbildung,* Beiheft zu *Ärztliche Standeszeitung,* Bd. 9 (9), S. 42; *G.S.*, Bd. 5, S. 310; *G.W.*, Bd. 8, S. 93; *Studienausgabe,* Bd. 6, S. 205; *C.P.*, Bd. 2, S. 105; *Standard Ed.*, Bd. 11, S. 209.

(1910*j*) ›Beispiele des Verrats pathogener Phantasien bei Neurotikern‹, *Zentbl. Psychoanal.*, Bd. 1, S. 43; *G.S.*, Bd. 11, S. 300; *G.W.*, Bd. 8, S. 228; *Standard Ed.*, Bd. 11, S. 236.

(1910*k*) ›Über »wilde« Psychoanalyse‹, *Zentbl. Psychoanal.*, Bd. 1 (3), S. 91; *G.S.*, Bd. 6, S. 37; *G.W.*, Bd. 8, S. 117; *Studienausgabe,* Ergänzungsband, S. 133; *C.P.*, Bd. 2, S. 297; *Standard Ed.*, Bd. 11, S. 219.

(1910*l*) ›Typisches Beispiel eines verkappten Ödipustraumes‹, *Zentbl. Psychoanal.*, Bd. 1, S. 45; Nachdruck in *Die Traumdeutung, G.S.*, Bd. 3, S. 118, Anm.; *G.W.*, Bd. 2/3, S. 404, Anm.; *Studienausgabe*, Bd. 2, S. 389f., Anm.; *Standard Ed.*, Bd. 5, S. 398, Anm.

(1910*m*) Besprechung von Wilh. Neutra, ›Briefe an nervöse Frauen‹, *Zentbl. Psychoanal.*, Bd. 1, S. 49; *Standard Ed.*, Bd. 11, S. 238.

(1911*a*) ›Nachträge zur Traumdeutung‹, *Zentbl. Psychoanal.*, Bd. 1, S. 187. Teilweise nachgedruckt in *G.S.*, Bd. 3, S. 77ff. und S. 126f.; *G.W.*, Bd. 2/3, S. 365ff. und S. 412f.; *Studienausgabe*, Bd. 2, S. 354ff. und S. 397f.; vollständig in *Standard Ed.*, Bd. 5, S. 360ff. und S. 408f.

(1911*b*) ›Formulierungen über die zwei Prinzipien des psychischen Geschehens‹, *Jb. psychoanalyt. psychopath. Forsch.*, Bd. 3 (1), S. 1; *G.S.*, Bd. 5, S. 409; *G.W.*, Bd. 8, S. 229; *Studienausgabe*, Bd. 3, S. 13; *C.P.*, Bd. 4, S. 13; *Standard Ed.*, Bd. 12, S. 213.

(1911*c* [1910]) ›Psychoanalytische Bemerkungen über einen autobiographisch beschriebenen Fall von Paranoia (Dementia paranoides)‹, *Jb. psychoanalyt. psychopath. Forsch.*, Bd. 3 (1), S. 9; *G.S.*, Bd. 8, S. 355; *G.W.*, Bd. 8, S. 239; *Studienausgabe*, Bd. 7, S. 133; *C.P.*, Bd. 3, S. 387; *Standard Ed.*, Bd. 12, S. 1.

(1911*d*) ›Die Bedeutung der Vokalfolge‹, *Zentbl. Psychoanal.*, Bd. 2, S. 105; *G.S.*, Bd. 11, S. 301; *G.W.*, Bd. 8, S. 347; *Standard Ed.*, Bd. 12, S. 341.

(1911*e*) ›Die Handhabung der Traumdeutung in der Psychoanalyse‹, *Zentbl. Psychoanal.*, Bd. 2 (3), S. 109; *G.S.*, Bd. 6, S. 45; *G.W.*, Bd. 8, S. 349; *Studienausgabe*, Ergänzungsband, S. 149; *C.P.*, Bd. 2, S. 305; *Standard Ed.*, Bd. 12, S. 89.

(1911*f*) ›»Groß ist die Diana der Epheser«‹ (nach F. Sartiaux, *Villes mortes d'Asie mineure*), *Zentbl. Psychoanal.*, Bd. 2, S. 158; *G.W.*, Bd. 8, S. 359; *Standard Ed.*, Bd. 12, S. 342.

(1911*g*) Zusammenfassung von G. Greve, ›Sobre psicologia y psicoterapia de ciertos estados angustiosos‹, *Zentbl. Psychoanal.*, Bd. 1, S. 594.

(1911*h*) Fußnote zu W. Stekel, ›Zur Psychologie des Exhibitionismus‹, *Zentbl. Psychoanal.*, Bd. 1, S. 495; *Standard Ed.*, Bd. 18, S. 274.

(1911*i*) ›Ein Beitrag zum Vergessen von Eigennamen‹ [enthalten in 1901*b*, von der 4. Aufl. an], *Zentbl. Psychoanal.*, Bd. 1, S. 407; *G.S.*, Bd. 4, S. 37; *G.W.*, Bd. 4, S. 37; *Standard Ed.*, Bd. 6, S. 30.

(1911*j*) Übersetzung (mit zusätzlicher Fußnote) von James J. Putnam, ›On the Etiology and Treatment of the Psychoneuroses‹, 1910, unter dem Titel ›Über Ätiologie und Behandlung der Psychoneurosen‹, *Zentbl. Psychoanal.*, Bd. 1, S. 137; *Standard Ed.*, Bd. 17, S. 271 (aufgenommen in einer Anmerkung des Herausgebers zu 1919*b*).

(1912*a* [1911]) ›Nachtrag zu dem autobiographisch beschriebenen Fall von Paranoia (Dementia paranoides)‹, *Jb. psychoanalyt. psychopath. Forsch.*, Bd. 3 (2), S. 588; *G.S.*, Bd. 8, S. 432; *G.W.*, Bd. 8, S. 317; *Studienausgabe*, Bd. 7, S. 201; *C.P.*, Bd. 3, S. 467; *Standard Ed.*, Bd. 12, S. 80.

(1912*b*) ›Zur Dynamik der Übertragung‹, *Zentbl. Psychoanal.*, Bd. 2 (4), S. 167; *G.S.*, Bd. 6, S. 53; *G.W.*, Bd. 8, S. 363; *Studienausgabe*, Ergänzungsband, S. 157; *C.P.*, Bd. 2, S. 312; *Standard Ed.*, Bd. 12, S. 97.

(1912*c*) ›Über neurotische Erkrankungstypen‹, *Zentbl. Psychoanal.*, Bd. 2 (6), S. 297; *G.S.*, Bd. 5, S. 400; *G.W.*, Bd. 8, S. 321; *Studienausgabe*, Bd. 6, S. 215; *C.P.*, Bd. 2, S. 113; *Standard Ed.*, Bd. 12, S. 227.

(1912*d*) ›Über die allgemeinste Erniedrigung des Liebeslebens‹ (›Beiträge zur Psychologie des Liebeslebens‹ II.), *Jb. psychoanalyt. psychopath. Forsch.*, Bd. 4 (1), S. 40; *G.S.*, Bd. 5, S. 198; *G.W.*, Bd. 8, S. 78; *Studienausgabe*, Bd. 5, S. 197; *C.P.*, Bd. 4, S. 203; *Standard Ed.*, Bd. 11, S. 177.

(1912*e*) ›Ratschläge für den Arzt bei der psychoanalytischen Behandlung‹, *Zentbl. Psychoanal.*, Bd. 2 (9), S. 483; *G.S.*, Bd. 6, S. 64; *G.W.*, Bd. 8, S. 375; *Studienausgabe*, Ergänzungsband, S. 169; *C.P.*, Bd. 2, S. 323; *Standard Ed.*, Bd. 12, S. 109.

(1912*f*) ›Zur Onanie-Diskussion‹, in *Die Onanie* (*Diskussionen der Wiener Psychoanalytischen Vereinigung*, Bd. 2), Wiesbaden, S. III und S. 132; *G.S.*, Bd. 3, S. 324; *G.W.*, Bd. 8, S. 331; *Standard Ed.*, Bd. 12, S. 239.

(1912*g*) ›A Note on the Unconscious in Psycho-Analysis‹ [in Englisch], *Proceedings* of the Society for Psychical Research, Bd. 26 (Teil 66), S. 312; *C.P.*, Bd. 4, S. 22; *Standard Ed.*, Bd. 12, S. 255. Die Arbeit erschien zunächst in Englisch, erst 1913 in deutscher Übersetzung von Hanns Sachs unter dem Titel ›Einige Bemerkungen über den Begriff des Unbewußten in der Psychoanalyse‹, *Int. Z. ärztl. Psychoanal.*, Bd. 1 (2), S. 117; *G.S.*, Bd. 5, S. 433; *G.W.*, Bd. 8, S. 429; *Studienausgabe*, Bd. 3, S. 25.

(1912*h*) Nachfrage des Herausgebers über Kindheitsträume, *Zentbl. Psychoanal.*, Bd. 2, S. 680; *Standard Ed.*, Bd. 17, S. 4 (aufgenommen in 1918*b*).

(1912–13) *Totem und Tabu*, in vier Teilen unter dem Titel ›Über einige Übereinstimmungen im Seelenleben der Wilden und der Neurotiker‹ veröffentlicht in *Imago*, Teil I: 1912, Bd. 1 (1), S. 17, Teil II: 1912, Bd. 1 (3), S. 213, und (4), S. 301, Teil III: 1913, Bd. 2 (1), S. 1, Teil IV: 1913, Bd. 2 (4), S. 357; in Buchform unter dem Titel *Totem und Tabu*, Leipzig und Wien, 1913. *G.S.*, Bd. 10, S. 3; *G.W.*, Bd. 9; *Studienausgabe*, Bd. 9, S. 287; *Standard Ed.*, Bd. 13, S. VII, S. 1.

(1913*a*) ›Ein Traum als Beweismittel‹, *Int. Z. ärztl. Psychoanal.*, Bd. 1 (1), S. 73; *G.S.*, Bd. 3, S. 267; *G.W.*, Bd. 10, S. 11; *C.P.*, Bd. 2, S. 133; *Standard Ed.*, Bd. 12, S. 267.

(1913*b*) Geleitwort zu O. Pfister, *Die psychanalytische Methode*, Leipzig. *G.S.*, Bd. 11, S. 224; *G.W.*, Bd. 10, S. 448; *Standard Ed.*, Bd. 12, S. 327.

(1913*c*) ›Weitere Ratschläge zur Technik der Psychoanalyse: I. Zur Einleitung der Behandlung‹, *Int. Z. ärztl. Psychoanal.*, Bd. 1 (1), S. 1, und (2), S. 139; *G.S.*, Bd. 6, S. 84; *G.W.*, Bd. 8, S. 453; *Studienausgabe*, Ergänzungsband, S. 181; *C.P.*, Bd. 2, S. 342; *Standard Ed.*, Bd. 12, S. 121.

(1913*d*) ›Märchenstoffe in Träumen‹, *Int. Z. ärztl. Psychoanal.*, Bd. 1 (2), S. 147; *G.S.*, Bd. 3, S. 259; *G.W.*, Bd. 10, S. 1; *C.P.*, Bd. 4, S. 236; *Standard Ed.*, Bd. 12, S. 279.

(1913*e*) Vorwort zu M. Steiner, *Die psychischen Störungen der männlichen Potenz*, Leipzig und Wien. *G.S.*, Bd. 11, S. 247; *G.W.*, Bd. 10, S. 451; *Standard Ed.*, Bd. 12, S. 345.

(1913*f* [1912]) ›Das Motiv der Kästchenwahl‹, *Imago*, Bd. 2 (3), S. 257; *G.S.*, Bd. 10, S. 243; *G.W.*, Bd. 10, S. 23; *Studienausgabe*, Bd. 10, S. 181; *C.P.*, Bd. 4, S. 244; *Standard Ed.*, Bd. 12, S. 289.

(1913*g*) ›Zwei Kinderlügen‹, *Int. Z. ärztl. Psychoanal.*, Bd. 1 (4), S. 359; *G.S.*, Bd. 5, S. 238; *G.W.*, Bd. 8, S. 421; *Studienausgabe*, Bd. 5, S. 229; *C.P.*, Bd. 2, S. 144; *Standard Ed.*, Bd. 12, S. 303.

(1913*h*) ›Erfahrungen und Beispiele aus der analytischen Praxis‹, *Int. Z. ärztl. Psychoanal.*, Bd. 1, S. 377; teilweise nachgedruckt in *G.S.*, Bd. 11, S. 301; *G.W.*, Bd. 10, S. 40. Teilweise aufgenommen in *Die Traumdeutung*: *G.S.*, Bd. 3, S. 41, S. 71 f., S. 127 und S. 135; *G.W.*, Bd. 2/3, S. 238, S. 359 ff., S. 413 f. und S. 433; *Studienausgabe*, Bd. 2, S. 239, S. 349, S. 350, S. 398 f. und S. 417 f.; *Standard Ed.*, Bd. 4, S. 232, und Bd. 5, S. 354–6, S. 409 f. und S. 431; vollständig in *Standard Ed.*, Bd. 13, S. 191.

(1913*i*) ›Die Disposition zur Zwangsneurose‹, *Int. Z. ärztl. Psychoanal.*, Bd. 1 (6), S. 525; *G.S.*, Bd. 5, S. 277; *G.W.*, Bd. 8, S. 441; *Studienausgabe*, Bd. 7, S. 105; *C.P.*, Bd. 2, S. 122; *Standard Ed.*, Bd. 12, S. 311.

(1913*j*) ›Das Interesse an der Psychoanalyse‹. *Scientia*, Bd. 14 (31), S. 240, und (32), S. 369; *G.S.*, Bd. 4, S. 313; *G.W.*, Bd. 8, S. 389; *Standard Ed.*, Bd. 13, S. 163.

(1913*k*) Geleitwort zu J. G. Bourke, *Der Unrat in Sitte, Brauch, Glauben und Gewohnheitrecht der Völker*, Leipzig. *G.S.*, Bd. 11, S. 249; *G.W.*, Bd. 10, S. 453; *C.P.*, Bd. 5, S. 88; *Standard Ed.*, Bd. 12, S. 333.

(1913*l*) ›Kindheitsträume mit spezieller Bedeutung‹, *Int. Z. ärztl. Psychoanal.*, Bd. 1, S. 79; *Standard Ed.*, Bd. 17, S. 4 (aufgenommen in 1918*b*).

(1913*m* [1911]) ›On Psycho-Analysis‹ [in Englisch], *Aust. med. Congr., Transactions of the Ninth Session* (abgehalten in Sydney, New South Wales, Sept. 1911), Bd. 2, Teil 8, S. 839; *Standard Ed.*, Bd. 12, S. 205.

(1914*a*) ›Über fausse reconnaissance (»déjà raconté«) während der psychoanalytischen Arbeit‹, *Int. Z. ärztl. Psychoanal.*, Bd. 2 (1), S. 1; *G.S.*, Bd. 6, S. 76; *G.W.*, Bd. 10, S. 115; *Studienausgabe*, Ergänzungsband, S. 231; *C.P.*, Bd. 2, S. 334; *Standard Ed.*, Bd. 13, S. 199.

(1914*b*) ›Der Moses des Michelangelo‹, *Imago*, Bd. 3 (1), S. 15; *G.S.*, Bd. 10, S. 257; *G.W.*, Bd. 10, S. 171; *Studienausgabe*, Bd. 10, S. 195; *C.P.*, Bd. 4, S. 257; *Standard Ed.*, Bd. 13, S. 209.

(1914*c*) ›Zur Einführung des Narzißmus‹, *Jb. Psychoanalyse*, Bd. 6, S. 1; *G.S.*, Bd. 6, S. 155; *G.W.*, Bd. 10, S. 137; *Studienausgabe*, Bd. 3, S. 37; *C.P.*, Bd. 4, S. 30; *Standard Ed.*, Bd. 14, S. 67.

(1914*d*) ›Zur Geschichte der psychoanalytischen Bewegung‹, *Jb. Psychoanalyse,* Bd. 6, S. 207; *G.S.*, Bd. 4, S. 411; *G.W.*, Bd. 10, S. 43; *C.P.*, Bd. 1, S. 287; *Standard Ed.*, Bd. 14, S. 1.

(1914*e*) ›Darstellung der »großen Leistung« im Traume‹, *Int. Z. ärztl. Psychoanal.*, Bd. 2, S. 384; teilweise nachgedruekt in *Die Traumdeutung, G.S.*, Bd. 3, S. 130; *G.W.*, Bd. 2/3, S. 416; *Studienausgabe,* Bd. 2, S. 401; *Standard Ed.*, Bd. 5, S. 412.

(1914*f*) ›Zur Psychologie des Gymnasiasten‹, *Festschrift* anläßlich des 50jährigen Bestehens des K.k. Erzherzog Rainer-Realgymnasiums in Wien (Oktober 1914); *G.S.*, Bd. 11, S. 287; *G.W.*, Bd. 10, S. 203; *Studienausgabe,* Bd. 4, S. 235; *Standard Ed.*, Bd. 13, S. 239.

(1914*g*) ›Weitere Ratschläge zur Technik der Psychoanalyse: II. Erinnern, Wiederholen und Durcharbeiten‹, *Int. Z. ärztl. Psychoanal.*, Bd. 2 (6), S. 485; *G.S.*, Bd. 6, S. 109; *G.W.*, Bd. 10, S. 125; *Studienausgabe,* Ergänzungsband, S. 205; *C.P.*, Bd. 2, S. 366; *Standard Ed.*, Bd. 12, S. 145.

(1915*a* [1914]) ›Weitere Ratschläge zur Technik der Psychoanalyse: III. Bemerkungen über die Übertragungsliebe‹, *Int. Z. ärztl. Psychoanal.*, Bd. 3 (1), S. 1; *G.S.*, Bd. 6. S. 120; *G.W.*, Bd. 10, S. 305; *Studienausgabe,* Ergänzungsband, S. 217; *C.P.*, Bd. 2, S. 377; *Standard Ed.*, Bd. 12, S. 157.

(1915*b*) ›Zeitgemäßes über Krieg und Tod‹, *Imago,* Bd. 4 (1), S. 1; *G.S.*, Bd. 10, S. 315; *G.W.*, Bd. 10, S. 323; *Studienausgabe,* Bd. 9, S. 33; *C.P.*, Bd. 4, S. 288; *Standard Ed.*, Bd. 14, S. 273.

(1915*c*) ›Triebe und Triebschicksale‹, *Int. Z. ärztl. Psychoanal.*, Bd. 3 (2), S. 84; *G.S.*, Bd. 5, S. 443; *G.W.*, Bd. 10, S. 209; *Studienausgabe,* Bd. 3, S. 75; *C.P.*, Bd. 4, S. 60; *Standard Ed.*, Bd. 14, S. 109.

(1915*d*) ›Die Verdrängung‹, *Int. Z. ärztl. Psychoanal.*, Bd. 3 (3), S. 129; *G.S.*, Bd. 5, S. 466; *G.W.*, Bd. 10, S. 247; *Studienausgabe,* Bd. 3, S. 103; *C.P.*, Bd. 4, S. 84; *Standard Ed.*, Bd. 14, S. 141.

(1915*e*) ›Das Unbewußte‹, *Int. Z. ärztl. Psychoanal.*, Bd. 3 (4), S. 189, und (5), S. 257; *G.S.*, Bd. 5, S. 480; *G.W.*, Bd. 10, S. 263; *Studienausgabe,* Bd. 3, S. 119; *C.P.*, Bd. 4, S. 98; *Standard Ed.*, Bd. 14, S. 159.

(1915*f*) ›Mitteilung eines der psychoanalytischen Theorie widersprechenden Falles von Paranoia‹, *Int. Z. ärztl. Psychoanal.*, Bd. 3 (6), S. 321; *G.S.*, Bd. 5, S. 288; *G.W.*, Bd. 10, S. 233; *Studienausgabe,* Bd. 7, S. 205; *C.P.*, Bd. 2, S. 150; *Standard Ed.*, Bd. 14, S. 261.

(1915*g* [1914]) Brief an Dr. F. van Eeden. In *De Amsterdammer,* Nr. 1960, 17. Jan., S. 3; Ernest Jones, *Das Leben und Werk von Sigmund Freud,* Huber, Bern und Stuttgart, 1962, Bd. 2, S. 434; *Standard Ed.*, Bd. 14, S. 301.

(1916*a* [1915]) ›Vergänglichkeit‹, in *Das Land Goethes 1914–1916,* Gedenkbuch, hrsg. vom Berliner Goethebund, Stuttgart, 1916. *G.S.*, Bd. 11, S. 291; *G.W.*, Bd. 10, S. 357; *Studienausgabe,* Bd. 10, S. 223; *C.P.*, Bd. 5, S. 79; *Standard Ed.*, Bd. 14, S. 303.

(1916*b*) ›Mythologische Parallele zu einer plastischen Zwangsvorstellung‹, *Int. Z. ärztl. Psychoanal.*, Bd. 4 (2), S. 110; *G.S.*, Bd. 10, S. 240; *G.W.*,

Bd. 10, S. 397; *Studienausgabe,* Bd. 7, S. 119; *C.P.,* Bd. 4, S. 345; *Standard Ed.,* Bd. 14, S. 337.

(1916*c*) ›Eine Beziehung zwischen einem Symbol und einem Symptom‹, *Int. Z. ärztl. Psychoanal.,* Bd. 4 (2), S. 111; *G.S.,* Bd. 5, S. 310; *G.W.,* Bd. 10, S. 393; *C.P.,* Bd. 2, S. 162; *Standard Ed.,* Bd. 14, S. 339.

(1916*d*) ›Einige Charaktertypen aus der psychoanalytischen Arbeit‹, *Imago,* Bd. 4 (6), S. 317; *G.S.,* Bd. 10, S. 287; *G.W.,* Bd. 10, S. 363; *Studienausgabe,* Bd. 10, S. 229; *C.P.,* Bd. 4, S. 318; *Standard Ed.,* Bd. 14, S. 309.

(1916*e*) Fußnote zu Ernest Jones, ›Professor Janet über Psychoanalyse‹, *Int. Z. ärztl. Psychoanal.,* Bd. 4, S. 42; *Standard Ed.,* Bd. 2, S. XIII.

(1916–17 [1915–17]) *Vorlesungen zur Einführung in die Psychoanalyse,* Wien. *G.S.,* Bd. 7; *G.W.,* Bd. 11; *Studienausgabe,* Bd. 1, S. 33; *Standard Ed.,* Bde. 15–16.

(1917*a* [1916]) ›Eine Schwierigkeit der Psychoanalyse‹, *Imago,* Bd. 5 (1), S. 1; *G.S.,* Bd. 10, S. 347; *G.W.,* Bd. 12, S. 1; *C.P.,* Bd. 4, S. 347; *Standard Ed.,* Bd. 17, S. 135.

(1917*b*) ›Eine Kindheitserinnerung aus *Dichtung und Wahrheit*‹, *Imago,* Bd. 5 (2), S. 49; *G.S.,* Bd. 10, S. 357; *G.W.,* Bd. 12, S. 13; *Studienausgabe,* Bd. 10, S. 255; *C.P.,* Bd. 4, S. 357; *Standard Ed.,* Bd. 17, S. 145.

(1917*c*) ›Über Triebumsetzungen, insbesondere der Analerotik‹, *Int. Z. ärztl. Psychoanal.,* Bd. 4 (3), S. 125; *G.S.,* Bd. 5, S. 268; *G.W.,* Bd. 10, S. 401; *Studienausgabe,* Bd. 7, S. 123; *C.P.,* Bd. 2, S. 164; *Standard Ed.,* Bd. 17, S. 125.

(1917*d* [1915]) ›Metapsychologische Ergänzung zur Traumlehre‹, *Int. Z. ärztl. Psychoanal.,* Bd. 4 (6), S. 277; *G.S.,* Bd. 5, S. 520; *G.W.,* Bd. 10, S. 411; *Studienausgabe,* Bd. 3, S. 175; *C.P.,* Bd. 4, S. 137; *Standard Ed.,* Bd. 14, S. 217.

(1917*e* [1915]) ›Trauer und Melancholie‹, *Int. Z. ärztl. Psychoanal.,* Bd. 4 (6), S. 288; *G.S.,* Bd. 5, S. 535; *G.W.,* Bd. 10, S. 427; *Studienausgabe,* Bd. 3, S. 193; *C.P.,* Bd. 4, S. 152; *Standard Ed.,* Bd. 14, S. 237.

(1918*a* [1917]) ›Das Tabu der Virginität‹ (›Beiträge zur Psychologie des Liebeslebens‹ III.), *S.K.S.N.,* Bd. 4, S. 229; *G.S.,* Bd. 5, S. 212; *G.W.,* Bd. 12, S. 159; *Studienausgabe,* Bd. 5, S. 211; *C.P.,* Bd. 4, S. 217; *Standard Ed.,* Bd. 11, S. 191.

(1918*b* [1914]) ›Aus der Geschichte einer infantilen Neurose‹, *S.K.S.N.,* Bd. 4, S. 578; *G.S.,* Bd. 8, S. 439; *G.W.,* Bd. 12, S. 27; *Studienausgabe,* Bd. 8, S. 125; *C.P.,* Bd. 3, S. 473; *Standard Ed.,* Bd. 17, S. 1.

(1919*a* [1918]) ›Wege der psychoanalytischen Therapie‹, *Int. Z. ärztl. Psychoanal.,* Bd. 5 (2), S. 61; *G.S.,* Bd. 6, S. 136; *G.W.,* Bd. 12, S. 181; *Studienausgabe,* Ergänzungsband, S. 239; *C.P.,* Bd. 2, S. 392; *Standard Ed.,* Bd. 17, S. 157.

(1919*b*) ›James J. Putnam‹ (Nachruf), *Int. Z. ärztl. Psychoanal.,* Bd. 5, S. 136; *G.S.,* Bd. 11, S. 276; *G.W.,* Bd. 12, S. 315; *Standard Ed.,* Bd. 17, S. 271.

(1919*c*) ›Internationaler psychoanalytischer Verlag und Preiszuteilungen für psychoanalytische Arbeiten‹, *Int. Z. ärztl. Psychoanal.,* Bd. 5, S. 137; *G.W.,* Bd. 12, S. 331; *Standard Ed.,* Bd. 17, S. 267.

(1919*d*) Einleitung zu *Zur Psychoanalyse der Kriegsneurosen*, Wien. *G.S.*, Bd. 11, S. 252; *G.W.*, Bd. 12, S. 321; *C.P.*, Bd. 5, S. 83; *Standard Ed.*, Bd. 17, S. 205.

(1919*e*) ›»Ein Kind wird geschlagen«‹, *Int. Z. ärztl. Psychoanal.*, Bd. 5 (3), S. 151; *G.S.*, Bd. 5, S. 344; *G.W.*, Bd. 12, S. 195; *Studienausgabe*, Bd. 7, S. 229; *C.P.*, Bd. 2, S. 172; *Standard Ed.*, Bd. 17, S. 175.

(1919*f*) ›Victor Tausk‹ (Nachruf), *Int. Z. ärztl. Psychoanal.*, Bd. 5, S. 225; *G.S.*, Bd. 11, S. 277; *G.W.*, Bd. 12, S. 316; *Standard Ed.*, Bd. 17, S. 273.

(1919*g*) Vorrede zu Theodor Reik, *Probleme der Religionspsychologie*, Wien. *G.S.*, Bd. 11, S. 256; *G.W.*, Bd. 12, S. 325; *C.P.*, Bd. 5, S. 92; *Standard Ed.*, Bd. 17, S. 257.

(1919*h*) ›Das Unheimliche‹, *Imago*, Bd. 5 (5/6), S. 297; *G.S.*, Bd. 10, S. 369; *G.W.*, Bd. 12, S. 227; *Studienausgabe*, Bd. 4, S. 241; *C.P.*, Bd. 4, S. 368; *Standard Ed.*, Bd. 17, S. 217.

(1919*i* [1915]) Brief an Dr. Hermine von Hug-Hellmuth (Auszug), im Geleitwort von H. v. Hug-Hellmuth zu dem von ihr hrsg. *Tagebuch eines halbwüchsigen Mädchens*, Wien. *G.S.*, Bd. 11, S. 261; *G.W.*, Bd. 10, S. 456; *Standard Ed.*, Bd. 14, S. 341.

(1919*j* [1918]) ›Kell-e az egyetemen a psychoanalysist tanitani?‹ (Soll man Psychoanalyse an der Universität lehren?), *Gyógyászat* (Budapest), Bd. 59 (13), S. 192; *Standard Ed.*, Bd. 17, S. 169.

(1919*k*) ›E.T.A. Hoffmann über die Bewußtseinsfunktion‹, *Int. Z. ärztl. Psychoanal.*, Bd. 5 (4), S. 308; *Standard Ed.*, Bd. 17, S. 233, Anm. (aufgenommen in 1919*h*).

(1920*a*) ›Über die Psychogenese eines Falles von weiblicher Homosexualität‹, *Int. Z. Psychoanal.*, Bd. 6 (1), S. 1; *G.S.*, Bd. 5, S. 312; *G.W.*, Bd. 12, S. 269; *Studienausgabe*, Bd. 7, S. 255; *C.P.*, Bd. 2, S. 202; *Standard Ed.*, Bd. 18, S. 145.

(1920*b*) ›Zur Vorgeschichte der analytischen Technik‹, *Int. Z. Psychoanal.*, Bd. 6, S. 79; *G.S.*, Bd. 6, S. 148; *G.W.*, Bd. 12, S. 307; *Studienausgabe*, Ergänzungsband, S. 251; *C.P.*, Bd. 5, S. 101; *Standard Ed.*, Bd. 18, S. 263.

(1920*c*) ›Dr. Anton von Freund‹, *Int. Z. Psychoanal.*, Bd. 6, S. 95; *G.S.*, Bd. 11, S. 280; *G.W.*, Bd. 13, S. 435; *Standard Ed.*, Bd. 18, S. 267.

(1920*d*) ›Gedankenassoziation eines vierjährigen Kindes‹, *Int. Z. Psychoanal.*, Bd. 6, S. 157; *G.S.*, Bd. 5, S. 244; *G.W.*, Bd. 12, S. 303; *Standard Ed.*, Bd. 18, S. 266.

(1920*e*) Vorwort zur vierten Auflage der *Drei Abhandlungen zur Sexualtheorie*, *Int. Z. Psychoanal.*, Bd. 6, S. 247, *G.S.*, Bd. 5, S. 5; *G.W.*, Bd. 5, S. 31; *Studienausgabe*, Bd. 5, S. 45; *Standard Ed.*, Bd. 7, S. 133.

(1920*f*) ›Ergänzungen zur Traumlehre‹ (Zusammenfassung Freuds von seiner Ansprache auf dem Internationalen Psychoanalytischen Kongreß in Den Haag), *Int. Z. Psychoanal.*, Bd. 6, S. 397; *Standard Ed.*, Bd. 18, S. 4.

(1920*g*) *Jenseits des Lustprinzips*, Wien. *G.S.*, Bd. 6, S. 191; *G.W.*, Bd. 13, S. 1; *Studienausgabe*, Bd. 3, S. 213; *Standard Ed.*, Bd. 18, S. 1.

(1921*a*) Preface [in Englisch] zu J. J. Putnam, *Addresses on Psycho-Analysis*, London und New York. *G.S.*, Bd. 11, S. 262; *G.W.*, Bd. 13, S. 437; *Standard Ed.*, Bd. 18, S. 269.

(1921*b*) Introduction [in Englisch] zu J. Varendonck, *The Psychology of Day-Dreams*, London. *Standard Ed.*, Bd. 18, S. 271; deutsch (nur teilweise), ›Geleitwort‹ zu J. Varendonck, *Über das vorbewußte phantasierende Denken*, übers. v. A. Furrer, Wien, 1922; *G.S.*, Bd. 11, S. 264; *G.W.*, Bd. 13, S. 439.

(1921*c*) *Massenpsychologie und Ich-Analyse*, Wien. *G.S.*, Bd. 6, S. 261; *G.W.*, Bd. 13, S. 71; *Studienausgabe*, Bd. 9, S. 61; *Standard Ed.*, Bd. 18, S. 65.

(1921*d*) ›Preiszuteilungen‹, *Int. Z. Psychoanal.*, Bd. 7, S. 38; *Standard Ed.*, Bd. 17, S. 269 (in 1919*c*).

(1921*e*) Auszug eines Briefes an Claparède [in Französisch], in Freud, *La psychanalyse* (französische Übersetzung von 1910*a*), Genf. *Standard Ed.*, Bd. 11, S. 214 (in 1910*i*).

(1922*a*) ›Traum und Telepathie‹, *Imago*, Bd. 8 (1), S. 1; *G.S.*, Bd. 3, S. 278; *G.W.*, Bd. 13, S. 163; *C.P.*, Bd. 4, S. 408; *Standard Ed.*, Bd. 18, S. 195.

(1922*b* [1921]) ›Über einige neurotische Mechanismen bei Eifersucht, Paranoia und Homosexualität‹, *Int. Z. Psychoanal.*, Bd. 8 (3), S. 249; *G.S.*, Bd. 5, S. 387; *G.W.*, Bd. 13, S. 193; *Studienausgabe*, Bd. 7, S. 217; *C.P.*, Bd. 2, S. 232; *Standard Ed.*, Bd. 18, S. 221.

(1922*c*) ›Nachschrift zur Analyse des kleinen Hans‹, *Int. Z. Psychoanal.*, Bd. 8 (3), S. 321; *G.S.*, Bd. 8, S. 264; *G.W.*, Bd. 13, S. 429; *Studienausgabe*, Bd. 8, S. 123; *C.P.*, Bd. 3, S. 288; *Standard Ed.*, Bd. 10, S. 148.

(1922*d*) ›Preisausschreibung‹, *Int. Z. Psychoanal.*, Bd. 8, S. 527; *Standard Ed.*, Bd. 17, S. 269 (in 1919*c*).

(1922*e*) Vorwort [in Französisch] zu Raymond de Saussure, *La méthode psychanalytique*, Genf. *Standard Ed.*, Bd. 19, S. 283.

(1922*f*) ›Etwas vom Unbewußten‹ (Zusammenfassung Freuds von seiner Ansprache auf dem Internationalen Psychoanalytischen Kongreß in Berlin), *Int. Z. Psychoanal.*, Bd. 8, S. 486; *Standard Ed.*, Bd. 19, S. 3 (in 1923*b*).

(1923*a* [1922]) ›»Psychoanalyse« und »Libidotheorie«‹, in *Handwörterbuch der Sexualwissenschaft*, hrsg. v. M. Marcuse, Bonn, S. 296 und S. 377. *G.S.*, Bd. 11, S. 201; *G.W.*, Bd. 13, S. 209; *C.P.*, Bd. 5, S. 107; *Standard Ed.*, Bd. 18, S. 233.

(1923*b*) *Das Ich und das Es*, Wien. *G.S.*, Bd. 6, S. 351; *G.W.*, Bd. 13, S. 235; *Studienausgabe*, Bd. 3, S. 273; *Standard Ed.*, Bd. 19, S. 1.

(1923*c* [1922]) ›Bemerkungen zur Theorie und Praxis der Traumdeutung‹, *Int. Z. Psychoanal.*, Bd. 9 (1), S. 1; *G.S.*, Bd. 3, S. 305; *G.W.*, Bd. 13, S. 299; *Studienausgabe*, Ergänzungsband, S. 257; *C.P.*, Bd. 5, S. 136; *Standard Ed.*, Bd. 19, S. 107.

(1923*d* [1922]) ›Eine Teufelsneurose im siebzehnten Jahrhundert‹, *Imago*, Bd. 9 (1), S. 1; *G.S.*, Bd. 10, S. 409; *G.W.*, Bd. 13, S. 315; *Studienausgabe*, Bd. 7, S. 283; *C.P.*, Bd. 4, S. 436; *Standard Ed.*, Bd. 19, S. 67.

(1923*e*) ›Die infantile Genitalorganisation‹, *Int. Z. Psychoanal.*, Bd. 9 (2), S. 168; *G.S.*, Bd. 5, S. 232; *G.W.*, Bd. 13, S. 291; *Studienausgabe*, Bd. 5, S. 235; *C.P.*, Bd. 2, S. 244; *Standard Ed.*, Bd. 19, S. 139.

(1923*f*) ›Josef Popper-Lynkeus und die Theorie des Traumes‹, *Allgemeine Nährpflicht* (Wien), Bd. 6; *G.S.*, Bd. 11, S. 295; *G.W.*, Bd. 13, S. 355; *Standard Ed.*, Bd. 19, S. 259.

(1923*g*) Vorwort zu Max Eitingon, *Bericht über die Berliner psychoanalytische Poliklinik*, Wien. *G.S.*, Bd. 11, S. 265; *G.W.*, Bd. 13, S. 441; *Standard Ed.*, Bd. 19, S. 285.

(1923*h*) Brief [in Spanisch] an Señor Luis Lopez-Ballesteros y de Torres, in *Obras Completas del Professor S. Freud*, Madrid, Bd. 6, S. 7. *G.S.*, Bd. 11, S. 266; *G.W.*, Bd. 13, S. 442; *Standard Ed.*, Bd. 19, S. 289.

(1923*i*) ›Dr. Ferenczi Sándor‹ (Zum 50. Geburtstag), *Int. Z. Psychoanal.*, Bd. 9 (3), S. 257; *G.S.*, Bd. 11, S. 273; *G.W.*, Bd. 13, S. 443; *Standard Ed.*, Bd. 19, S. 265.

(1924*a*) Brief [in Französisch] an *Le Disque Vert*, *Le Disque Vert* (Paris und Brüssel), Bd. 2 (3. Folge), S. 3; *Int. Z. Psychoanal.*, Bd. 10, S. 206; *G.S.*, Bd. 11, S. 266; *G.W.*, Bd. 13, S. 446; *Standard Ed.*, Bd. 19, S. 290.

(1924*b* [1923]) ›Neurose und Psychose‹, *Int. Z. Psychoanal.*, Bd. 10 (1,) S. 1; *G.S.*, Bd. 5, S. 418; *G.W.*, Bd. 13, S. 385; *Studienausgabe*, Bd. 3, S. 331; *C.P.*, Bd. 2, S. 250; *Standard Ed.*, Bd. 19, S. 147.

(1924*c*) ›Das ökonomische Problem des Masochismus‹, *Int. Z. Psychoanal.*, Bd. 10 (2), S. 121; *G.S.*, Bd. 5, S. 374; *G.W.*, Bd. 13, S. 369; *Studienausgabe*, Bd. 3, S. 339; *C.P.*, Bd. 2, S. 255; *Standard Ed.*, Bd. 19, S. 155.

(1924*d*) ›Der Untergang des Ödipuskomplexes‹, *Int. Z. Psychoanal.*, Bd. 10 (3), S. 245; *G.S.*, Bd. 5, S. 423; *G.W.*, Bd. 13, S. 393; *Studienausgabe*, Bd. 5, S. 243; *C.P.*, Bd. 2, S. 269; *Standard Ed.*, Bd. 19, S. 171.

(1924*e*) ›Der Realitätsverlust bei Neurose und Psychose‹, *Int. Z. Psychoanal.*, Bd. 10 (4), S. 374; *G.S.*, Bd. 6, S. 409; *G.W.*, Bd. 13, S. 361; *Studienausgabe*, Bd. 3, S. 355; *C.P.*, Bd. 2, S. 277; *Standard Ed.*, Bd. 19, S. 181.

(1924*f* [1923]) ›A Short Account of Psycho-Analysis‹ (veröffentlicht unter dem Titel ›Psychoanalysis: Exploring the Hidden Recesses of the Mind‹), Kap. 73, Bd. 2 von *These Eventful Years*, London und New York; *Standard Ed.*, Bd. 19, S. 189. Die Arbeit erschien zunächst in Englisch, das deutsche Original erst 1928 unter dem Titel ›Kurzer Abriß der Psychoanalyse‹ in *G.S.*, Bd. 11, S. 183; *G.W.*, Bd. 13, S. 403.

(1924*g* [1923]) Auszug aus einem Brief an Fritz Wittels, in Wittels, *Sigmund Freud*, London. *Standard Ed.*, Bd. 19, S. 286; deutsches Original in 1960*a* (2., erweit. Aufl., 1968, S. 363f.).

(1924*h*) ›Mitteilung des Herausgebers‹, *Int. Z. Psychoanal.*, Bd. 10, S. 373; *Standard Ed.*, Bd. 19, S. 293.

(1924*i*) Brief in *Jewish Observer and Middle East Review*, Bd. 3 (23), Juni.

(1925*a* [1924]) ›Notiz über den »Wunderblock«‹, *Int. Z. Psychoanal.*, Bd. 11 (1), S. 1; *G.S.*, Bd. 6, S. 415; *G.W.*, Bd. 14, S. 1; *Studienausgabe*, Bd. 3, S. 363; *C.P.*, Bd. 5, S. 175; *Standard Ed.*, Bd. 19, S. 225.

(1925*b*) Brief an den Herausgeber der *Jüdischen Preßzentrale Zürich, G.S.*, Bd. 11, S. 298; *G W.*, Bd. 14, S. 556; *Standard Ed.*, Bd. 19, S. 291.

(1925*c*) ›To the Opening of the Hebrew University‹ [in Englisch], *The New Judaea*, Bd. 1 (14), S. 227; *G.S.*, Bd. 11, S. 298; *G.W.*, Bd. 14, S. 556; *Standard Ed.*, Bd. 19, S. 292.

(1925*d* [1924]) *Selbstdarstellung*, in *Die Medizin der Gegenwart in Selbstdarstellungen*, hrsg. v. L.R. Grote, Leipzig, 1923–1929, Bd. 4, 1925, S. 1. Als Einzelausgabe: Wien, 1934. [2. Aufl., mit Ergänzungen und ›Nachschrift 1935‹, Wien, 1936, vgl. (1935*a*).] *G.S.*, Bd. 11, S. 119; *G.W.*, Bd. 14, S. 31; *Standard Ed.*, Bd. 20, S. 1.

(1925*e* [1924]) ›Die Widerstände gegen die Psychoanalyse‹, *Imago*, Bd. 11 (3), S. 222; *G.S.*, Bd. 11, S. 224; *G.W.*, Bd. 14, S. 97; *C.P.*, Bd. 5, S. 163; *Standard Ed.*, Bd. 19, S. 211.

(1925*f*) Geleitwort zu August Aichhorn, *Verwahrloste Jugend*, Wien. *G.S.*, Bd. 11, S. 267; *G.W.*, Bd. 14, S. 565; *C.P.*, Bd. 5, S. 98; *Standard Ed.*, Bd. 19, S. 271.

(1925*g*) ›Josef Breuer‹ (Nachruf), *Int. Z. Psychoanal.*, Bd. 11 (2), S. 255; *G.S.*, Bd. 11, S. 281; *G.W.*, Bd. 14, S. 562; *Standard Ed.*, Bd. 19, S. 277.

(1925*h*) ›Die Verneinung‹, *Imago*, Bd. 11 (3), S. 217; *G.S.*, Bd. 11, S. 3; *G.W.*, Bd. 14, S. 11; *Studienausgabe*, Bd. 3, S. 371; *C.P.*, Bd. 5, S. 181; *Standard Ed.*, Bd. 19, S. 233.

(1925*i*) ›Einige Nachträge zum Ganzen der Traumdeutung‹, als ›Zusatzkapitel C‹ zur *Traumdeutung* in *G.S.*, Bd. 3, S. 172; *G.W.*, Bd. 1, S. 561; *C.P.*, Bd. 5, S. 150; *Standard Ed.*, Bd. 19, S. 123.

(1925*j*) ›Einige psychische Folgen des anatomischen Geschlechtsunterschieds‹, *Int. Z. Psychoanal.*, Bd. 11 (4), S. 401; *G.S.*, Bd. 11, S. 8; *G.W.*, Bd. 14, S. 17; *Studienausgabe*, Bd. 5, S. 253; *C.P.*, Bd. 5, S. 186; *Standard Ed.*, Bd. 19, S. 241.

(1926*a*) ›An Romain Rolland‹, in *Liber amicorum Romain Rolland*, Zürich und Leipzig, S. 152; *G.S.*, Bd. 11, S. 275; *G.W.*, Bd. 14, S. 553; *Standard Ed.*, Bd. 20, S. 279.

(1926*b*) ›Karl Abraham‹ (Nachruf), *Int. Z. Psychoanal.*, Bd. 12 (1), S. 1; *G.S.*, Bd. 11, S. 283; *G.W.*, Bd. 14, S. 564; *Standard Ed.*, Bd. 20, S. 277.

(1926*c*) Bemerkung zu E. Pickworth Farrow, ›Eine Kindheitserinnerung aus dem 6. Lebensmonat‹, *Int. Z. Psychoanal.*, Bd. 12 (1), S. 79; *G.W.*, Bd. 14, S. 568; *Standard Ed.*, Bd. 20, S. 280.

(1926*d* [1925]) *Hemmung, Symptom und Angst*, Wien. *G.S.*, Bd. 11, S. 23; *G.W.*, Bd. 14, S. 111; *Studienausgabe*, Bd. 6, S. 227; *Standard Ed.*, Bd. 20, S. 75.

(1926*e*) *Die Frage der Laienanalyse*, Wien. *G.S.*, Bd. 11, S. 307; *G.W.*, Bd. 14, S. 207; *Studienausgabe*, Ergänzungsband, S. 271; *Standard Ed.*, Bd. 20, S. 177.

(1926*f*) Artikel in der *Encyclopaedia Britannica* (›Psycho-Analysis; Freudian School‹), *Encyclopaedia Britannica*, 13. Aufl., neuer Bd. 3, S. 253; *Standard Ed.*, Bd. 20, S. 259; das deutsche Original erschien erst 1934 unter dem Titel ›Psycho-Analysis‹, in *G.S.*, Bd. 12, S. 372; *G.W.*, Bd. 14, S. 297.

(1926*g*) Übersetzung (mit zusätzlicher Fußnote) von Part I, Section 13: ›Samuel Butler‹, in I. Levine, *The Unconscious*, London, 1923 (übers. v. Anna Freud unter dem Titel *Das Unbewußte*, Wien, 1926). Nur die Fußnote über Hering (in 1915*e*) in *Standard Ed.*, Bd. 14, S. 205, und *Studienausgabe*, Bd. 3, S. 163.

(1926*h*) Brief von Freud, in *Au delà de l'amour*, Paris. *(Les cahiers contemporains*, 3.)

(1926*i*) ›Dr. Reik und die Kurpfuschereifrage‹, Brief an die *Neue Freie Presse*, *Neue Freie Presse*, 18. Juli, S. 12; *Standard Ed.*, Bd. 21, S. 247.

(1927*a*) ›Nachwort zur *Frage der Laienanalyse*‹, *Int. Z. Psychoanal.*, Bd. 13 (3), S. 326; *G.S.*, Bd. 11, S. 385; *G.W.*, Bd. 14, S. 287; *Studienausgabe*, Ergänzungsband, S. 342; *C.P.*, Bd. 5, S. 205; *Standard Ed.*, Bd. 20, S. 251.

(1927*b*) ›Nachtrag zur Arbeit über den Moses des Michelangelo‹, *Imago*, Bd. 13 (4), S. 552; *G.S.*, Bd. 11, S. 409; *G.W.*, Bd. 14, S. 319; *Studienausgabe*, Bd. 10, S. 221; *Standard Ed.*, Bd. 13, S. 237.

(1927*c*) *Die Zukunft einer Illusion*, Wien. *G.S.*, Bd. 11, S. 411; *G.W.*, Bd. 14, S. 323; *Studienausgabe*, Bd. 9, S. 135; *Standard Ed.*, Bd. 21, S. 1.

(1927*d*) ›Der Humor‹, *Almanach 1928*, S. 9; *G.S.*, Bd. 11, S. 402; *G.W.*, Bd. 14, S. 381; *Studienausgabe*, Bd. 4, S. 275; *C.P.*, Bd. 5, S. 215; *Standard Ed.*, Bd. 21, S. 159.

(1927*e*) ›Fetischismus‹, *Almanach 1928*, S. 17; *G.S.*, Bd. 11, S. 395; *G.W.*, Bd. 14, S. 309; *Studienausgabe*, Bd. 3, S. 379; *C.P.*, Bd. 5, S. 198; *Standard Ed.*, Bd. 21, S. 147.

(1928*a*) ›Ein religiöses Erlebnis‹, *Imago*, Bd. 14 (1), S. 7; *G.S.*, Bd. 11, S. 467; *G.W.*, Bd. 14, S. 391; *C.P.*, Bd. 5, S. 243; *Standard Ed.*, Bd. 21, S. 167.

(1928*b* [1927]) ›Dostojewski und die Vatertötung‹, in *Die Urgestalt der Brüder Karamasoff*, hrsg. v. R. Fülöp-Miller und F. Eckstein, München, S. XI bis XXXVI. *G.S.*, Bd. 12, S. 7; *G.W.*, Bd. 14, S. 397; *Studienausgabe*, Bd. 10, S. 267; *C.P.*, Bd. 5, S. 222; *Standard Ed.*, Bd. 21, S. 173.

(1929*a*) ›Ernest Jones zum 50. Geburtstag‹, *Int. Z. Psychoanal.*, Bd. 15 (2/3), S. 147; *G.S.*, Bd. 12, S. 395; *G.W.*, Bd. 14, S. 554; *Standard Ed.*, Bd. 21, S. 249.

(1929*b*) Brief [in Französisch] an Maxim [*sic*] Leroy: ›Über einen Traum des Cartesius‹ (französische Übersetzung vermutlich von Maxime Leroy), in M. Leroy, *Descartes, le philosophe au masque*, Paris, Bd. 1, S. 89f. *G.S.*, Bd. 12, S. 403; *G.W.*, Bd. 14, S. 558; deutsche Übersetzung v. Anna Freud, in Sigmund Freud, *Über Träume und Traumdeutungen*, Fischer Taschenbuch Verlag, Frankfurt am Main, 1971, S. 113; *Standard Ed.*, Bd. 21, S. 197.

(1930*a* [1929]) *Das Unbehagen in der Kultur*, Wien. *G.S.*, Bd. 12, S. 29; *G.W.*, Bd. 14, S. 419; *Studienausgabe*, Bd. 9, S. 191; *Standard Ed.*, Bd. 21, S. 57.

(1930*b*) Vorwort zur Broschüre *Zehn Jahre Berliner Psychoanalytisches Institut*, Wien. *G.S.*, Bd. 12, S. 388; *G.W.*, Bd. 14, S. 572; *Standard Ed.*, Bd. 21, S. 257.

(1930*c*) Geleitwort zu *The Medical Review of Reviews*, New York, Bd. 36 (3), S. 103; *Standard Ed.*, Bd. 21, S. 254; die Arbeit erschien zunächst in Englisch, das deutsche Original erst 1934 in *G.S.*, Bd. 12, S. 386; *G.W.*, Bd. 14, S. 570.

(1930*d*) Brief an Dr. Alfons Paquet, *Psychoanal. Bewegung*, Bd. 2 (5), S. 419; *G.S.*, Bd. 12, S. 406; *G.W.*, Bd. 14, S. 545; *Studienausgabe*, Bd. 10, S. 291; *Standard Ed.*, Bd. 21, S. 207.

(1930*e*) Ansprache im Frankfurter Goethe-Haus, *Psychoanal. Bewegung*, Bd. 2 (5), S. 421; *G.S.*, Bd. 12, S. 408; *G.W.*, Bd. 14, S. 547; *Studienausgabe*, Bd. 10, S. 292; *Standard Ed.*, Bd. 21, S. 208.

(1930*f* [1929]) Brief an Theodor Reik, in Th. Reik, *Freud als Kulturkritiker*, Wien. *Standard Ed.*, Bd. 21, S. 195.

(1931*a*) ›Über libidinöse Typen‹, *Int. Z. Psychoanal.*, Bd. 17 (3), S. 313; *G.S.*, Bd. 12, S. 115; *G.W.*, Bd. 14, S. 507; *Studienausgabe*, Bd. 5, S. 267; *C.P.*, Bd. 5, S. 247; *Standard Ed.*, Bd. 21, S. 215.

(1931*b*) ›Über die weibliche Sexualität‹, *Int. Z. Psychoanal.*, Bd. 17 (3), S. 317; *G.S.*, Bd. 12, S. 120; *G.W.*, Bd. 14, S. 515; *Studienausgabe*, Bd. 5, S. 273; *C.P.*, Bd. 5, S. 252; *Standard Ed.*, Bd. 21, S. 221.

(1931*c*) Geleitwort zu Edoardo Weiss, *Elementi di Psicoanalisi*, Mailand. *G.S.*, Bd. 12, S. 389; *G.W.*, Bd. 14, S. 573; *Standard Ed.*, Bd. 21, S. 256.

(1931*d*) ›Das Fakultätsgutachten im Prozeß Halsmann‹, *Psychoanal. Bewegung*, Bd. 3 (1), S. 32; *G.S.*, Bd. 12, S. 412; *G.W.*, Bd. 14, S. 539; *Standard Ed.*, Bd. 21, S. 251.

(1931*e*) Brief an den Bürgermeister der Stadt Příbor, *Psychoanal. Bewegung*, Bd. 3 (6), S. 566; *G.S.*, Bd. 12, S. 414; *G.W.*, Bd. 14, S. 561; *Standard Ed.*, Bd. 21, S. 259.

(1931*f*) Brief an Georg Fuchs, in Fuchs, *Wir Zuchthäusler*, München, S. X; *Int. J. Psycho-Aanal.*, Bd. 42 (1961), S. 199; *Standard Ed.*, Bd. 22, S. 251.

(1932*a* [1931]) ›Zur Gewinnung des Feuers‹, *Imago*, Bd. 18 (1), S. 8; *G.S.*, Bd. 12, S. 141; *G.W.*, Bd. 16, S. 1; *Studienausgabe*, Bd. 9, S. 445; *C.P.*, Bd. 5, S. 288; *Standard Ed.*, 22, S. 183.

(1932*b*) Geleitwort zu Hermann Nunberg, *Allgemeine Neurosenlehre auf psychoanalytischer Grundlage*, Bern. *G.S.*, Bd. 12, S. 390; *G.W.*, Bd. 16, S. 273; *Standard Ed.*, Bd. 21, S. 258.

(1932*c*) ›Meine Berührung mit Josef Popper-Lynkeus‹, *Allgemeine Nährpflicht* (Wien), Bd. 15; *Psychoanal. Bewegung*, Bd. 4, S. 113; *G.S.*, Bd. 12, S. 415; *G.W.*, Bd. 16, S. 261; *C.P.*, Bd. 5, S. 295; *Standard Ed.*, Bd. 22, S. 217.

(1932*d*) Zusammenfassung [in Ungarisch] des ersten Teils von Vorlesung XXX der *Neuen Folge* (1933*a*), *Magyar Hirlap*, Budapest, 25. Dez.

(1932*e* [1931]) Preface [in Englisch] zur 3., überarb. Aufl. v. *The Interpretation of Dreams*, London, New York; *Studienausgabe*, Bd. 2, S. 28; *Standard Ed.*, Bd. 4, S. XXXII.

(1933*a* [1932]) *Neue Folge der Vorlesungen zur Einführung in die Psychoanalyse,* Wien. *G.S.*, Bd. 12, S. 151; *G.W.*, Bd. 15; *Studienausgabe,* Bd. 1, S. 447; *Standard Ed.*, Bd. 22, S. 1.

(1933*b* [1932]) *Warum Krieg?*, Paris. *G.S.*, Bd. 12, S. 349; *G.W.*, Bd. 16, S. 11; *Studienausgabe,* Bd. 9 S. 271; *C.P.*, Bd. 5, S. 273; *Standard Ed.*, Bd. 22, S. 195.

(1933*c*) ›Sándor Ferenczi‹ (Nachruf) *Int. Z. Psychoanal.*, Bd. 19 (3), S. 301; *G.S.*, Bd. 12, S. 397; *G.W.*, Bd. 16, S. 267; *Standard Ed.*, Bd. 22, S. 225.

(1933*d*) Vorwort [in Französisch] zu Marie Bonaparte, *Edgar Poe; étude psychanalytique,* Paris. Deutsches Original in *Edgar Poe, eine psychoanalytische Studie,* Wien, 1934. *G.S.*, Bd. 12, S. 391; *G.W.*, Bd. 16, S. 276; *Standard Ed.*, Bd. 22, S. 254.

(1933*e* [1932]) Drei Briefe an André Breton (französische Übersetzung), *Le surréalisme au service de la révolution,* Nr. 5, S. 10; einer der deutschen Originalbriefe als Faksimile abgebildet.

(1934*a* [1930]) Vorrede zur hebräischen Ausgabe der *Vorlesungen zur Einführung in die Psychoanalyse,* Jerusalem. *G.S.*, Bd. 12, S. 383; *G.W.*, Bd. 14, S. 274; *Standard Ed.*, Bd. 15, S. 11.

(1934*b* [1930]) Vorrede zur hebräischen Ausgabe von *Totem und Tabu,* Jerusalem. *G.S.*, Bd. 12, S. 385; *G.W.*, Bd. 14, S. 569; *Studienausgabe,* Bd. 9, S. 293; *Standard Ed.*, Bd. 13, S. XV.

(1935*a*) Postscript (1935) zu *An Autobiographical Study,* Neuauflage, London und New York; *Standard Ed.*, Bd. 20, S. 71. Der Text erschien zunächst in Englisch, das deutsche Original erst Ende 1935 unter dem Titel ›Nachschrift 1935‹ in *Almanach 1936,* S. 9, und 1936 in *Selbstdarstellung,* 2. Aufl., Wien, 1936, S. 102. *G.W.*, Bd. 16, S. 31.

(1935*b*) ›Die Feinheit einer Fehlhandlung‹, *Almanach 1936,* S. 15; *G.W.*, Bd. 16, S. 35; *C.P.*, Bd. 5, S. 313; *Standard Ed.*, Bd. 22, S. 231.

(1935*c*) ›Thomas Mann zum 60. Geburtstag‹, *Almanach 1936,* S. 18; *G.W.*, Bd. 16, S. 249; *Standard Ed.*, Bd. 22, S. 255.

(1936*a*) Brief an Romain Rolland: ›Eine Erinnerungsstörung auf der Akropolis‹, *Almanach 1937,* S. 9; *G.W.*, Bd. 16, S. 250; *Studienausgabe,* Bd. 4, S. 283; *C.P.*, Bd. 5, S. 302; *Standard Ed.*, Bd. 22, S. 237.

(1936*b* [1932]) Vorwort zu Richard Sterba, *Handwörterbuch der Psychoanalyse,* Wien. *Standard Ed.*, Bd. 22, S. 253.

(1936*c* [1935]) Vorwort [in tschechischer Übersetzung] zur tschechischen Ausgabe der *Vorlesungen zur Einführung in die Psychoanalyse,* Prag.

(1936*d*) ›Zum Ableben Professor Brauns‹, *Mitteilungsblatt der Vereinigung jüdischer Ärzte,* Nr. 29 (Mai), S. 6.

(1937*a*) ›Lou Andreas-Salomé‹ (Nachruf), *Int. Z. Psychoanal.*, Bd. 23 (1), S. 5; *G.W.*, Bd. 16, S. 270; *Standard Ed.*, Bd. 23, S. 297.

(1937*b*) ›Moses, ein Ägypter‹, *Imago,* Bd. 23 (1), S. 5; *G.W.*, Bd. 16, S. 103; *Studienausgabe,* Bd. 9, S. 459; *Standard Ed.*, Bd. 23, S. 7 (in 1939*a*).

(1937*c*) ›Die endliche und die unendliche Analyse‹, *Int. Z. Psychoanal.*, Bd. 23 (2), S. 209; *G.W.*, Bd. 16, S. 57; *Studienausgabe,* Ergänzungsband, S. 351; *C.P.*, Bd. 5, S. 316; *Standard Ed.*, Bd. 23, S. 209.

(1937*d*) ›Konstruktionen in der Analyse‹, *Int. Z. Psychoanal.*, Bd. 23 (4), S. 459; *G.W.*, Bd. 16, S. 41; *Studienausgabe*, Ergänzungsband, S. 393; *C.P.*, Bd. 5, S. 358; *Standard Ed.*, Bd. 23, S. 255.

(1937*e*) ›Wenn Moses ein Ägypter war...‹, *Imago*, Bd. 23 (4), S. 387; *G.W.*, Bd. 16, S. 114; *Studienausgabe*, Bd. 9, S. 468; *Standard Ed.*, Bd. 23, S. 17 (in 1939*a*).

(1938*a*) ›Ein Wort zum Antisemitismus‹, *Die Zukunft* (Paris), Nr. 7 (25. Nov.), S. 2; *Standard Ed.*, Bd. 23, S. 287.

(1938*b* [1937]) Brief an André Breton, in *Trajectoire du rêve; Documents recueillis par André Breton*, Paris.

(1938*c*) Brief an den Herausgeber von *Time and Tide* [in Englisch], *Time and Tide*, 26. Nov. 1938, S. 1649; ›Anti-Semitism in England‹, *Standard Ed.*, Bd. 23, S. 301.

(1939*a* [1934–38]) *Der Mann Moses und die monotheistische Religion*, die ersten beiden Abhandlungen siehe (1937*b*) und (1937*e*), Teile der dritten Abhandlung: *Int. Z. Psychoanal. Imago*, Bd. 24 (1/2), S. 6, unter dem Titel ›Der Fortschritt in der Geistigkeit‹; in Buchform: Amsterdam, 1939. *G.W.*, Bd. 16, S. 101; *Studienausgabe*, Bd. 9, S. 455; *Standard Ed.*, Bd. 23, S. 1.

(1939*b*) Mit Freud, Anna, Übersetzung des Buches von Marie Bonaparte, *Topsy, Chow-Chow au Poil d'Or*, Paris, 1937, unter dem Titel *Topsy, der goldhaarige Chow*, Amsterdam.

(1939*c*) Früher (1948*a*) Brief an die Herausgeber von *Das Psychoanalytische Volksbuch*, in *Das Psychoanalytische Volksbuch* (3. Aufl.), Bern. Nachgedruckt in P. R. Hofstätter, *Einführung in die Tiefenpsychologie* (›Erkenntnis und Besinnung‹, Nr. 1), Wien, 1948.

(1939*c* [1910–35]) Weggelassen.

(1940*a* [1938]) *Abriß der Psychoanalyse*, *Int. Z. Psychoanal. Imago*, Bd. 25 (1), S. 7; *G.W.*, Bd. 17, S. 63; *Studienausgabe*, Ergänzungsband, S. 407 (nur Kapitel VI, ›Die psychoanalytische Technik‹); *Standard Ed.*, Bd. 23, S. 139.

(1940*b* [1938]) ›Some Elementary Lessons in Psycho-Analysis‹ [Titel in Englisch; Text in Deutsch], *Int. Z. Psychoanal. Imago*, Bd. 25 (1), S. 21 (teilweise); *G.W.*, Bd. 17, S. 139 (vollständig); *C.P.*, Bd. 5, S. 376; *Standard Ed.*, Bd. 23, S. 279.

(1940*c* [1922]) ›Das Medusenhaupt‹, *Int. Z. Psychoanal. Imago*, Bd. 25, S. 105; *G.W.*, Bd. 17, S. 45; *C.P.*, Bd. 5, S. 105; *Standard Ed.*, Bd. 18, S. 273.

(1940*d* [1892]) Mit Breuer, J., ›Zur Theorie des hysterischen Anfalls‹, *Int. Z. Psychoanal. Imago*, Bd. 25, S. 107; *G.W.*, Bd. 17, S. 7; *C.P.*, Bd. 5, S. 27; *Standard Ed.*, Bd. 1, S. 151.

(1940*e* [1938]) ›Die Ichspaltung im Abwehrvorgang‹, *Int. Z. Psychoanal. Imago*, Bd. 25 (3/4); *G.W.*, Bd. 17, S. 57; *Studienausgabe*, Bd. 3, S. 389; *C.P.*, Bd. 5, S. 372; *Standard Ed.*, Bd. 23, S. 271.

(1940*f* [1939]) Brief an Anna Freud Bernays, in Anna Freud Bernays, ›My Brother Sigmund Freud‹, *American Mercury*, Nov. Deutscher Text unveröffentlicht.

(1940*g* [1938]) Vorwort zu Yisrael Doryon, *Lynkeus' New State,* Jerusalem.

(1941*a* [1892]) Brief an Josef Breuer, *G.W.*, Bd. 17, S. 3; *C.P.*, Bd. 5, S. 25; *Standard Ed.*, Bd. 1, S. 147.

(1941*b* [1892]) ›Notiz »III«‹, *G.W.*, Bd. 17, S. 15; *C.P.*, Bd. 5, S. 31; *Standard Ed.*, Bd. 1, S. 149.

(1941*c* [1899]) ›Eine erfüllte Traumahnung‹, *G.W.*, Bd. 17, S. 19; *C.P.*, Bd. 5, S. 70; *Standard Ed.*, Bd. 5, S. 623.

(1941*d* [1921]) ›Psychoanalyse und Telepathie‹, *G.W.*, Bd. 17, S. 25; *Standard Ed.*, Bd. 18, S. 173.

(1941*e* [1926]) Ansprache an die Mitglieder des Vereins *B'nai B'rith, G.W.*, Bd. 17, S. 49; *Standard Ed.*, Bd. 20, S. 271.

(1941*f* [1938]) ›Ergebnisse, Ideen, Probleme‹, *G.W.*, Bd. 17, S. 149; *Standard Ed.*, Bd. 23, S. 299.

(1941*g* [1936]) Entwurf zu einem Brief an Thomas Mann, *Int. Z. Psychoanal. Imago*, Bd. 26, S. 217.

(1941*h* [1939]) Brief an C. Berg [in Englisch], in Berg, *War in the Mind,* London.

(1941*i* [1873]) ›Ein Jugendbrief‹, *Int. Z. Psychoanal. Imago,* Bd. 26, S. 5 (enthalten in 1960*a* und 1969*a*).

(1942*a* [1905–6]) ›Psychopathic Characters on the Stage‹, *Psychoanal. Q.*, Bd. 11 (4), S. 459 (übers. v. A.H. Bunker), *Standard Ed.*, Bd. 7, S. 303. Die Arbeit erschien zunächst in Englisch, erst 1962 das deutsche Original mit dem Titel ›Psychopathische Personen auf der Bühne‹, *Die Neue Rundschau,* Bd. 73 (1962), S. 53; *Studienausgabe,* Bd. 10, S. 161.

(1945*a* [1939]) Foreword [in Englisch] zu J. Hobman, *David Eder,* London.

(1945*b* [1926]) Brief an M.D. Eder [in Englisch], in J. Hobman, *David Eder,* London.

(1945*c* [1936]) Brief an Barbara Low [in Englisch], in J. Hobman, *David Eder,* London.

(1945–46 [1938]) Vorwort und Briefe an Yisrael Doryon in Doryon, *Der Mann Moses,* Jerusalem.

(1946*a* [1938–39]) Zwei Briefe an David Abrahamsen, in Abrahamsen, *The Mind and Death of a Genius,* New York.

(1948*a*) Nun unter (1939*c*).

(1950*a* [1887–1902]) *Aus den Anfängen der Psychoanalyse,* London; enthält den ›Entwurf einer Psychologie‹ (1895); korrigierter Nachdruck der Paperbackausgabe des S. Fischer Verlages von 1962: Frankfurt am Main, 1975; *Standard Ed.*, Bd. 1, S. 173.

(1950*b* [1936]) Brief an Kurt Hiller, in Hiller, *Köpfe und Tröpfe, Profile aus einem Vierteljahrhundert,* Hamburg und Stuttgart.

(1951*a* [1935]) ›A Letter on Homosexuality‹ [in Englisch], *Amer. J. Psychiat.*, Bd. 107, S. 786; *Int. J. Psycho-Anal.*, Bd. 32, S. 331 (enthalten in 1960*a*, 2., erweit. Aufl., 1968, S. 438, die deutsche Übersetzung in den Anmerkungen dazu, S. 520f.).

(1951*b* [1938–39]) Sechs Briefe an Jacob Meitlis, in Meitlis, ›The Last Days of Sigmund Freud‹, *Jewish Frontier,* 1951, 20. Sept.

(1951*c* [1930–32]) Zwei Briefe an Richard Flatter, in ›Queries and Notes; Sigmund Freud on Shakespeare‹, *Shakespeare Quarterly*, 1951, Bd. 2 (4), S. 368 (deutscher Text unveröffentlicht).

(1952*a*) Drei Briefe an Theodor Reik, *Psychoanalysis*, Bd. 1, S. 5.

(1952*b*) Brief an Victor Bauer, in Charles Veillon, *Journal de la maison* (Lausanne), Bd. 9, S. 101.

(1954*a* [1933]) Drei Briefe an J. Magnes, in M. Rosenbaum, ›Freud-Eitingon-Magnes Correspondence; Psychoanalysis at the Hebrew University‹, *J. Amer. Psychoan. Ass.*, Bd. 2 (2), S. 311 (deutsches Original unveröffentlicht).

(1954*b* [1929]) Brief an ›Yivo‹, *News of the Yivo*, Bd. 55, S. 9 (Yiddish Section).

(1954*c* [1934]) Brief an Haveloek Ellis [in englischer Übersetzung], in J. Wortis, *Fragments of an Analysis with Freud*, New York.

(1954*d* [1932–35]) Vier Briefe [einer in Englisch] an J. Wortis, in Wortis, *Fragments of an Analysis with Freud*, New York.

(1955*a* [1907–8]) Originalnotizen zu dem Fall von Zwangsneurose (»Rattenmann«). Englische Übersetzung: Original Record of the Case of Obsessional Neurosis (the ›Rat Man‹), *Standard Ed.*, Bd. 10, S. 251. Deutscher Originaltext veröffentlicht in der zweisprachigen französischen Ausgabe *L'homme au rats; Journal d'une analyse*, hrsg. und eingeleitet v. Elza Ribeiro Hawelka, Bibliothèque de Psychanalyse, Presses Universitaires de France, Paris, 1974, S. 30.

(1955*b* [1906–31]) Zehn Briefe an Arthur Schnitzler, *Die Neue Rundschau*, Bd. 66, Nr. 1.

(1955*c* [1920]) ›Memorandum on the Electrical Treatment of War Neurotics, *Standard Ed.*, Bd. 17, S. 211. Der Text erschien zunächst in Englisch, das deutsche Original mit dem Titel ›Gutachten über die elektrische Behandlung der Kriegsneurotiker‹ erst 1972 in *Psyche* (Frankfurt), Bd. 26 (12), S. 942.

(1955*d* [1876]) Zwei Stipendiengesuche für zoologische Studien, in J. Gicklhorn, ›Wissenschaftsgeschichtliche Notizen zu den Studien von S. Syrski (1874) und S. Freud (1877) über männliche Flußaale‹, *S.B. Akad. Wiss. Wien* (Math.-Naturwiss. Kl.), I Abt., Bd. 164 (1) und (2).

(1955*e* [1930]) Brief an Juliette Boutonier, in J. Favez-Boutonier, ›Psychanalyse et philosophie‹, *Bull. soc. fr. philos.*, Bd. 49, S. 3.

(1955*f* [1909–38]) Briefe und Auszüge aus Briefen an Ludwig Binswanger, in Binswanger, *Erinnerungen an Sigmund Freud*, Bern.

(1955–56 [1938]) Brief an Nandor Fodor. *Psychoanalysis, J. Nat. Psychol. Ass. Psychoanalysis*, Bd. 4 (2), S. 25.

(1956*a* [1886]) ›Report on my Studies in Paris and Berlin, on a Travelling Bursary Granted from the University Jubilee Fund, 1885–6‹, *Int. J. Psycho-Anal.*, Bd. 37, S. 2; *Standard Ed.*, Bd. 1, S. 1. Der Text erschien zunächst in Englisch, das deutsche Original mit dem Titel ›Bericht über meine mit Universitäts-Jubiläums-Reisestipendium unternommene Reise nach Paris und Berlin‹ erst 1960 in J. und R. Gicklhorn,

Sigmund Freuds akademische Laufbahn im Lichte der Dokumente, Wien, 1960, S. 82; mit berichtigtem Titel in Sigmund Freud, *»Selbstdarstellung«; Schriften zur Geschichte der Psychoanalyse,* hrsg. von Ilse Grubrich-Simitis, Fischer Taschenbuch Verlag, Frankfurt am Main, 1971, S. 127.

(1956*b* [1916]) Brief an Eduard Hitschmann, *Psychoanal. Q.,* Bd. 25, S. 362.

(1956*c* [1932–38]) Briefe an Hilda Aldington (H.D.), in H.D., *Tribute to Freud.* New York, S. 173–80.

(1956*d* [1923, 1936]) Zwei Briefe an Erich Leyens [einer in Englisch], *Psychoanal. Q.,* Bd. 25, S. 148.

(1956*e* [1920]) Brief an Wilfrid Lay [in Englisch], *Psychoanal. Q.,* Bd. 25, S. 152.

(1956*f* [1933]) Brief an Xavier Bovéda, *Psychoanal. Q.,* Bd. 25, S. 153.

(1956*g* [1927]) Brief an Julie Braun-Vogelstein, *J. Am. Psychoanal. Ass.,* Bd. 4, S. 645; auch enthalten in 1960*a* (2., erweit. Aufl., 1968, S. 392).

(1957*a* [1911]) Nun unter 1958*a*.

(1957*b* [1921]) Brief an Dr. Hereward Carrington, *Psychoanalysis and the Future,* New York *(Nat. Psychol. Ass. Psychoanal.),* S. 12.

(1957*c* [1931]) Brief an Immanuel Velikowsky, *Psychoanalysis and the Future,* New York *(Nat. Psychol. Ass. Psychoanal.),* S. 15.

(1958*a* [1911]) Früher (1957*a*). Mit Oppenheim, D.E., ›Träume im Folklore‹, *Dreams in Folklore,* Teil II, New York, S. 69; auch in Sigmund Freud, *Über Träume und Traumdeutungen,* Fischer Taschenbuch Verlag, Frankfurt am Main, 1971, S. 53; *Standard Ed.,* Bd. 12, S. 175.

(1960*a*) *Briefe 1873–1939,* hrsg. v. E. und L. Freud, Frankfurt am Main, 2., erweiterte Aufl., Frankfurt am Main, 1968.

(1960*b* [1885]) ›Curriculum vitae‹, in J. und R. Gicklhorn, *Sigmund Freuds akademische Laufbahn,* Wien und Innsbruck, S. 64f.; auch in Sigmund Freud, *»Selbstdarstellung«; Schriften zur Geschichte der Psychoanalyse,* hrsg. v. Ilse Grubrich-Simitis, Fischer Taschenbuch Verlag, Frankfurt am Main, 1971, S. 124.

(1963*a*) *Sigmund Freud/Oskar Pfister. Briefe 1909–1939,* hrsg. v. E.L. Freud und H. Meng, Frankfurt am Main.

(1965*a*) *Sigmund Freud/Karl Abraham. Briefe 1907–1926,* hrsg. v. H.C. Abraham und E.L. Freud, Frankfurt am Main.

(1966*a* [1912–36]) *Sigmund Freud/Lou Andreas-Salomé. Briefwechsel,* hrsg. v. E. Pfeiffer, Frankfurt am Main.

(1966*b* [1938]) Introduction [in Englisch] zu S. Freud und W.C. Bullitt, *Thomas Woodrow Wilson, Twenty-eighth President of the United States; A Psychological Study, Encounter,* Bd. 28 (1), S. 3; in Buchform: Boston und London, 1967. Das deutsche Original der Einleitung erschien erst 1971 in *Neurose und Genialität,* hrsg. von J. Cremerius, Frankfurt am Main, S. 27.

(1967*a* [1928]) Brief an Lytton Strachey, *Almanach: Das einundachtzigste Jahr,* S. Fischer Verlag, Frankfurt am Main, S. 60. (Enthalten in der 2. Aufl. von 1960*a*, S. 399.)

(1968*a* [1927–39]) *Sigmund Freud/Arnold Zweig. Briefwechsel,* hrsg. v. E.L. Freud, Frankfurt am Main.

(1969*a* [1872–74]) Sieben Briefe und zwei Postkarten an Emil Fluß, in ›Some Early Unpublished Letters of Freud‹, *Int. J. Psycho-Anal.,* Bd. 50, S. 419. Deutscher Originaltext in *Die Neue Rundschau,* Bd. 80 (1969), S. 678; auch in Sigmund Freud, *»Selbstdarstellung«; Schriften zur Geschichte der Psychoanalyse,* hrsg. von Ilse Grubrich-Simitis, Fischer Taschenbuch Verlag, Frankfurt am Main, 1971, S. 103.

(1970*a* [1919–36]) *Sigmund Freud as a Consultant: Recollections of a Pioneer in Psychoanalysis,* hrsg. von M. Grotjahn, mit Erinnerung und Kommentaren von Edoardo Weiss, New York. Die Briefe erschienen zunächst in Englisch, die deutschen Originaltexte erst 1973 in *Sigmund Freud-Edoardo Weiss. Briefe zur psychoanalytischen Praxis,* Frankfurt am Main, S. 38.

(1971*a* [1909–16]) *James Jackson Putnam and Psychoanalysis,* Letters between Putnam and Sigmund Freud, Ernest Jones, William James, Sandor Ferenczi, and Morton Prince, 1877–1917, hrsg. und eingeleitet von Nathan G. Hale, jun. (deutsche Texte übers. v. Judith Bernays Heller), Cambridge, Mass. Der deutsche Originaltext der Briefe Freuds ist im Anhang auf S. 351–378 abgedruckt.

(1974 *a* [1906–23]) *Sigmund Freud/C. G. Jung. Briefwechsel* hrsg. v. William McGuire und Wolfgang Sauerländer. Frankfurt am Main.

ALPHABETISCHES WERKVERZEICHNIS

Diese Liste enthält alle Schriften Freuds, die in der Gesamtbibliographie aufgeführt sind. Bei der alphabetischen Anordnung sind bestimmte und unbestimmte Artikel, Präpositionen, Possessivpronomina sowie Zahlwörter unberücksichtigt gelassen, wenn sie am Anfang eines Titels auftreten (einzige Ausnahme: *Drei Abhandlungen*). Die Titel der Arbeiten erscheinen u. U. etwas verkürzt. Die Jahreszahlen mit Kursivbuchstaben beziehen sich auf die vorangehende Gesamtbibliographie. Am Ende der Liste sind einige Namen verzeichnet, die in der Literatur häufig als Kurzformen für Falldarstellungen verwendet werden.

Ökonomische Problem des Masochismus, Das (1924*c*)
Onanie-Diskussion, Zur (1912*f*)
Opening of the Hebrew University, To the (1925*c*)
Originalnotizen zu dem Fall von Zwangsneurose (»Rattenmann«) (1955*a*)
Position beim Erwachen aus einem Traum in (1913*h*)
›Preface‹ zu J. J. Putnam, *Addressses on Psycho-Analysis* (1921*a*)
Preisausschreibung (1922*d*)
Preiszuteilungen (1921*d*)
Psychische Behandlung (Seelenbehandlung) (1890*a*)
Psychische Folgen des anatomischen Geschlechtsunterschieds, Einige (1925*j*)
Psychischen Mechanismus der Vergeßlichkeit, Zum (1898*b*)
Psychischen Mechanismus hysterischer Phänomene, Über den; Vorläufige Mitteilung (1893*a*)
Psychischen Mechanismus hysterischer Phänomene, Über den [Vortrag] (1893*h*)
Psychoanalyse, Über (1910*a*)
»Psychoanalyse« und »Libidotheorie« (1923*a*)
Psychoanalyse und Telepathie (1941*d*)
›Psycho-Analysis‹ (Artikel in der *Encyclopaedia Britannica*) (1926*f*)
Psycho-Analysis, On (1913*m*)
Psychoanalytische Bemerkungen über einen autobiographisch beschriebenen Fall von Paranoia (Dementia paranoides) (1911*c*)
  Nachtrag (1912*a*)
Psychogene Sehstörung in psychoanalytischer Auffassung, Die (1910*i*)
Psychogenese eines Falles von weiblicher Homosexualität, Über die (1920*a*)
Psychologie des Gymnasiasten, Zur (1914*f*)
Psychopathische Personen auf der Bühne (1942*a*)
Psychopathologie des Alltagslebens, Zur (1901*b*)
Psychotherapie, Über (1905*a*)
Quelques considérations pour une étude comparative des paralysies motrices organiques et hystériques (1893*c*)
Ratschläge für den Arzt bei der psychoanalytischen Behandlung (1912*e*)
Realitätsverlust bei Neurose und Psychose, Der (1924*e*)
Religiöses Erlebnis, Ein (1928*a*)
Romain Rolland, An (1926*a*)
Rücksicht auf Darstellbarkeit in (1913*h*)
Sándor Ferenczi (1933*c*)
Schwierigkeit der Psychoanalyse, Eine (1917*a*)
Selbstdarstellung (1925*d*)
  Nachschrift 1935 (1935*a*)
Selbstkritik der Neurotiker in (1913*h*)
Selbstmord-Diskussion, Zur (1910*g*)

In der Literatur häufig als Kurzbezeichnungen für Falldarstellungen verwendete Namen:

Sigmund Freud
Einzelbände im Taschenbuch

Abriß der Psychoanalyse/ Das Unbehagen in der Kultur
Band 6043

Analyse der Phobie eines fünfjährigen Knaben
Falldarstellung
»Der kleine Hans«
Band 6715

Beiträge zur Psychologie des Liebeslebens und andere Schriften
Band 6732

Bruchstück einer Hysterie-Analyse
Band 6736

Darstellungen der Psychoanalyse
Band 6016

Drei Abhandlungen zur Sexualtheorie und verwandte Schriften
Band 6044

Das Ich und das Es und andere metapsychologische Schriften
Band 6394

Der Mann Moses und die montheistische Religion
Band 6300

Massenpsychologie und Ich-Analyse/Die Zukunft einer Illusion
Band 6054

Neue Folge der Vorlesungen zur Einführung in die Psychoanalyse
Band 6390

»Selbstdarstellung«
Schriften zur Geschichte der Psychoanalyse
Band 6096

Totem und Tabu
Band 6053

Die Traumdeutung
Band 6344

Über Träume und Traumdeutungen
Band 6073

Vorlesungen zur Einführung in die Psychoanalyse
Band 6348

Der Wahn und die Träume in W. Jensens »Gradiva« mit dem Text der Erzählung von Wilhelm Jensen
Band 6172

Der Witz und seine Beziehung zum Unbewußten
Band 6083

Zur Psychopathologie des Alltagslebens
Band 6079

Zwei Falldarstellungen Der Rattenmann/ Der Fall Schreber
Band 6745

Sigmund Freud/Josef Breuer Studien über Hysterie
Band 6001

Muriel Gardiner (Hrsg.) Der Wolfsmann vom Wolfsmann
Sigmund Freuds berühmtester Fall
Erinnerungen, Berichte, Diagnosen
Aktualisierte Ausgabe
Band 6794 (Juli 82)

Psychologie

Claus Henning Bachmann
Kritik der Gruppendynamik
Band 6718

Jörg von Bannsberc-Freiheit
Wahrhaftige Anatomie eines normalen Wahnsinnigen
Band 6716

Dirk Blasius
Der verwaltete Wahnsinn
Band 6726

Ernest Borneman
Die Ur-Szene
Band 6711

Hilde Bruch
Der goldene Käfig
Band 6744

Klaus Dörner
Bürger und Irre
Band 6282

Hans Jürgen Eysenck
Neurose ist heilbar
Band 6713

Anna Freud/Thesi Bergmann
Kranke Kinder
Band 6363

Haim G. Ginott
Gruppenpsychotherapie mit Kindern
Band 6707

Georg Groddeck
Das Buch vom Es
Band 6367

Peter Groskurth/Walter Volpert
Lohnarbeitspsychologie
Band 6288

Aglaja Heintschel-Heinegg
Kontakte mit Unsichtbaren
Band 6717

Erna M. Johansen
Betrogene Kinder
Band 6622

Theodore Lidz
Der gefährdete Mensch
Band 6318

Margaret S. Mahler/Fred Pine/ Anni Bergmann
Die psychische Geburt des Menschen
Band 6731

Erich Neumann
Kulturentwicklung und Religion
Band 6388

Nosrat Peseschkian
Psychotherapie des Alltagslebens
Band 1855
Der Kaufmann und der Papagei
Band 3300

Fischer Taschenbuch Verlag

Psychologie

Jean Piaget/Bärbel Inhelder
Die Psychologie des Kindes
Band 6339

Hans-Werner Prahl
Prüfungsangst
Band 6706

Mary Ann Pulaski
Piaget
Band 6370

Thomas J. Scheff
Das Etikett »Geisteskrankheit«
Band 6719

Gitta Sereny
Ein Kind mordet – Der Fall Mary Bell
Band 6721

A. C. Robin Skynner
Die Familie. Schicksal und Chance
Band 6729

Stuart Sutherland
Die seelische Krise
Band 6720

Thomas S. Szasz
Die Fabrikation des Wahnsinns
Band 6321
Psychiatrie
Band 6389
Recht, Freiheit und Psychiatrie
Band 6722
Schizophrenie
Band 6743

Frank Wesley/Claire Wesley
Die Psychologie der Geschlechter
Band 6728

Rainer Winkel
Pädagogische Psychiatrie für Eltern, Lehrer und Erzieher
Band 6709

Lew S. Wygotski
Denken und Sprechen
Band 6350

Reader zum Funk-Kolleg
Pädagogische Psychologie
Band 6113: Entwicklung und Sozialisation
Band 6114: Lernen und Instruktion

Funk-Kolleg
Pädagogische Psychologie
Band 6115/Band 6116

Theodore Lidz
Hamlets Feind
Mythos und Manie in Shakespeares Drama
(S. Fischer Verlag)

Harry Stack Sullivan
Die interpersonale Theorie der Psychiatrie (S. Fischer Verlag)

Sigmund Freud
Werkausgabe in zwei Bänden

Herausgegeben und mit Kommentaren versehen von
Anna Freud und Ilse Grubrich-Simitis

Band 1: *Elemente der Psychoanalyse,* 590 Seiten
Band 2: *Anwendungen der Psychoanalyse,* 616 Seiten.
3 Abbildungen auf Tafeln
Im Anhang der Bände u. a. Lebenschronologie Sigmund Freuds, Sammelbibliographie, Namen- und Sachregister

Für den Laien, der sich über Freuds Werk anhand eines repräsentativen Querschnitts gründlich informieren möchte, wurde die vorliegende *Werkausgabe in zwei Bänden* zusammengestellt. Sie steht, eine Lücke schließend, zwischen den beiden preisgünstigen Präsentationen des Freud-Œuvres im Fischer Verlag: der lockeren Folge einzelner, nicht kommentierter Freud-Taschenbücher und der mit einem aufwendigen, für Forschung und Lehre konzipierten editorischen Apparat versehenen, nach Themen gegliederten insgesamt elfbändigen *Studienausgabe.* Die *Werkausgabe* ist, ihrer Zielsetzung entsprechend, also ausdrücklich keine historisch-kritische Edition. Der Kommentar ist knapp gehalten und auf die Bedürfnisse noch Unkundiger zugeschnitten.

Inhalt

Einleitung / Der Sinn der Träume / Der Begriff des Unbewußten / Die Triebe / Die menschliche Sexualität / Die Struktur der psychischen Persönlichkeit / Lustprinzip und Realitätsprinzip / Verdrängung / Symptombildung / Neurose und Psychose / Die psychoanalytische Behandlung / Die Ausbildung des Analytikers / Die Einstellung zur Psychoanalyse / Literatur- und Kunstwissenschaft / Religionspsychologie und Kulturtheorie / Sozialpsychologie / Mythologie / Pädagogik / Lebenschronologie Sigmund Freuds / Anhang

S. Fischer Verlag

Sigmund Freud
Briefausgaben

Sigmund Freud/C. G. Jung. Briefwechsel
Herausgegeben von William McGuire und Wolfgang Sauerländer
Mit 9 Fotos und 15 Faksimiles auf Tafeln

Aus den Anfängen der Psychoanalyse 1887–1902
Briefe an Wilhelm Fließ
Abhandlungen und Notizen aus den Jahren 1887 bis 1902
Herausgegeben von Marie Bonaparte, Anna Freud und Ernst Kris

Briefe 1873–1939
Herausgegeben von Ernst und Lucie Freud
Mit 8 Fotos auf Tafeln und 2 Faksimiles

Sigmund Freud/Oskar Pfister. Briefe 1909–1939
Herausgegeben von Ernst L. Freud und Heinrich Meng

Sigmund Freud/Karl Abraham. Briefe 1907–1926
Herausgegeben von Hilda C. Abraham und Ernst L. Freud
Mit 2 Fotos auf Tafeln

Sigmund Freud/Lou Andreas-Salomé. Briefwechsel
Herausgegeben von Ernst Pfeiffer
Mit 2 Fotos auf Tafeln und 4 Faksimiles

Sigmund Freud/Arnold Zweig. Briefwechsel
Herausgegeben von Ernst L. Freud

Sigmund Freud/Edoardo Weiss. Briefe zur psychoanalytischen Praxis
Mit den Erinnerungen von Edoardo Weiss
Vorbemerkung und Einleitung von Martin Grotjahn

Psychoanalytische Grundbegriffe
Eine Einführung
in Sigmund Freuds Terminologie und Theoriebildung

Herausgegeben von Humberto Nagera
Unter Mitarbeit von
S. Baker, A. Colonna, E. Dansky, R. Edgcumbe, E. First,
A. Gavshon, A. Holder, G. Jones, M. Kawenoka, L. Kearney,
E. Koch, M. Laufer, C. Legg, D. Meers, H. Nagera (Hrsg.),
L. Neurath, P. Radford und K. Rees

Mit einem Vorwort von Anna Freud,
Literaturverzeichnis, Gesamtbibliographie der veröffentlichten
Schriften Sigmund Freuds, Stichwortverzeichnis
Band 6331

»Eine Untersuchung der Geschichte psychoanalytischer Grundbegriffe von ihrem ersten Auftauchen in den frühen Schriften Freuds bis zum letzten Band seiner gesammelten Werke« – so charakterisierte Anna Freud den Inhalt des vorliegenden Handbuches, das von Professor Dr. Nagera und seinen Mitarbeitern im Rahmen eines mehrjährigen Forschungsprogramms an der von Anna Freud geleiteten *Hamstead Child Therapy Clinic* erarbeitet wurde. In übersichtlichen Kapiteln werden alle wesentlichen psychoanalytischen Konzepte, die Sigmund Freud in einem langen Forscherleben entwickelt und vielfach modifiziert hatte, im historischen Zusammenhang vorgestellt. Ziel des vorliegenden Bandes ist es, dem Fachmann wie dem an Psychoanalyse interessierten Laien den Zugang zum umfangreichen Freudschen Gesamtwerk zu erleichtern und gleichzeitig Mißverständnisse oder gar Falschdarstellungen durch isoliertes Herausgreifen von Einzelheiten zu verhindern. In der wissenschaftlichen Öffentlichkeit wird das Handbuch als »unschätzbare Hilfe« bezeichnet.

Fischer Taschenbuch Verlag

Charles Brenner

Charles Brenner, geboren 1913 in Boston (Mass.), absolvierte sein medizinisches Studium an der Harvard University. Im Anschluß an ein Medizin-Praktikum begann er seine psychoanalytische Ausbildung am Boston Psychoanalytic Institute und setzte sie nach 1945 am psychoanalytischen Institut in New York fort, zu dessen Lehrkörper er heute gehört. Gleichzeitig lehrt er Psychiatrie an der State University von New York. Charles Brenner war sowohl Präsident der New York Psychoanalytic Society als auch der American Psychoanalytic Association.

Grundzüge der Psychoanalyse
Band 6309

»Brenners Einführung in das theoretische Gebäude der Psychoanalyse
ist von rühmenswerter didaktischer Klarheit und Genauigkeit.
Wer dieses Buch sorgfältig studiert,
wird eine gute Einsicht in den gegenwärtigen Stand der Psychoanalyse
und ihrer wissenschaftlichen Entwicklung gewinnen.
Außerdem wird ihm das Vergnügen zuteil,
einem geradezu spannenden Lehrbuch begegnet zu sein.«
Alexander Mitscherlich

Praxis der Psychoanalyse
Band 6740

Charles Brenner beschäftigt sich in seinem neuen Buch
mit grundlegenden Themen
der psychoanalytischen Behandlungstechnik,
vor allem aber mit der Bedeutung des psychischen Konflikts
für die analytische Situation.
In diesem klar gegliederten Buch nimmt der Verfasser
ständig Bezug auf die konkrete analytische Behandlungssituation
und veranschaulicht jeden wichtigen Punkt
mit exemplarischen Falldarstellungen.

Hermann Glaser
Sigmund Freuds Zwanzigstes Jahrhundert

Seelenbilder einer Epoche
Materialien und Analysen
Band 6395

»Dieses Buch erzählt von einem großen Mann und einer armen Zeit; von einem armen Mann in einer Zeit, die in vielem groß war, der aber dann, als sie sich selbst groß wähnte, alles in Scherben zerfiel; es erzählt, wie diese Zeit sich als die Zeit des großen Mannes erwies, und der Mann als Mann der armen Zeit.« So beginnt Hermann Glaser sein materialreiches Buch über Freud und das 20. Jahrhundert, über die Psychoanalyse und die Möglichkeiten psychoanalytischer Soziologie.

Ausgehend von den kulturphilosophischen und gesellschaftskritischen Schriften wird die »Seele« des Zeitalters beschrieben, wie sie sich in den politischen, sozialen und kulturellen Bewegungen um die Jahrhundertwende bis zum Zweiten Weltkrieg manifestiert – und wie sie Freuds Theorie selber bestimmte: Er war ein Bürger dieser Zeit; er deutete seine Zeit als Bürger.

Auf der Couch der Psychoanalyse wurde nicht nur der einzelne analysiert, sondern auch die Gesellschaft, die nach Freud nichts anderes ist als ein »umfangreicher Mensch«. Von der »›Kulturellen‹ Sexualmoral und die moderne Nervosität« (1908) bis zum »Unbehagen in der Kultur« und zu der Frage »Warum Krieg?« (1933) wird der Weg des Freudschen Denkens nachgezeichnet, das bis heute seine moralische und intellektuelle Kraft nicht verloren hat.

Aber Hermann Glaser beläßt es nicht dabei, die psychoanalytischen Kategorien auf die Sozialpsychologie zu projizieren. Er behält stets die gesellschaftliche und politische Praxis der Gegenwart im Auge, die den Erkenntniswert der Freudschen Traktate erst in Ansätzen zur Kenntnis genommen hat.

So ist sein Buch auch im Hinblick auf das letzte Drittel dieses Jahrhunderts geschrieben und denen empfohlen, die es in der Hand haben oder in die Hand nehmen wollen, den gesellschaftlichen Prozeß in einen menschlichen zurückzuführen.

Fischer Taschenbuch Verlag

Arthur Janov

Arthur Janov, zunächst Psychotherapeut Freudscher Richtung, entwickelte 1967 seine als revolutionär geltende Primärtherapie. Sein erstes Buch, »Der Urschrei«, war ein internationaler Bestseller. Seither hat Janov eine Reihe von vielbeachteten Büchern geschrieben. In seinen Instituten in Los Angeles und New York behandelt Janov Patienten aus vielen Teilen der Welt und bildet Therapeuten aus vielen Ländern aus.

Aus der Geschichte der Psychoanalyse: Protokolle der Wiener Psychoanalytischen Vereinigung

Herausgegeben von Herman Nunberg † und Ernst Federn
Übersetzung der Einleitung
und Anmerkungen von Margarete Nunberg
Band 1: 1906–1908
Band 2: 1908–1910
Band 3: 1910–1911
Band 4: 1912–1918

»Vom Jahre 1902 an«, schrieb Freud in seiner ›Geschichte der psychoanalytischen Bewegung‹, »scharte sich eine Anzahl jüngerer Ärzte um mich mit der ausgesprochenen Absicht, die Psychoanalyse zu erlernen, auszuüben und zu verbreiten... Man kam an bestimmten Abenden in meiner Wohnung zusammen, diskutierte nach gewissen Regeln... Der Kreis umfaßte übrigens nicht nur Ärzte, sondern auch andere Gebildete..., Schriftsteller, Künstler usw.«
Zwischen 1906 und 1918 wurden diese Sitzungen regelmäßig protokolliert. Als Freud 1938 nach London emigrierte, übergab er das Originalmanuskript der Protokolle dem Psychoanalytiker Paul Federn; ihm gelang es, das unschätzbare Dokument aus den Anfängen der Psychoanalyse zu retten. Freuds Diktum, es sei schwer, Psychoanalyse als Vereinzelter zu treiben, sie sei ein »exquisit geselliges Unternehmen«, wird hier höchst anschaulich demonstriert. Der Leser kann sich als stummen Zeugen eines spontanen schöpferischen Gruppenprozesses erleben, sich vom Entzücken über die frühen Funde anstecken lassen und in Freuds Beiträgen und Diskussionsvoten dessen Denk- und Argumentationsstil sowie seinen Umgang mit den Schülern unmittelbar kennenlernen. Die verschiedenen Gruppenmitglieder und Gäste werden als Personen lebendig, die in den Kreis nicht nur ihre zum Teil kontroversen und konkurrierenden Ideen einbrachten, sondern auch ihre persönlichen Schwierigkeiten und Nöte.
Alle vier Bände der ungekürzten Protokolle sind ausführlich von den Herausgebern kommentiert. Der letzte Band enthält das Gesamtregister.

Alfred Adler
Werkausgabe

Herausgegeben und eingeleitet von Wolfgang Metzger †
Fortgeführt von Heinz L. Ansbacher und Robert F. Antoch

Menschenkenntnis
Band 6080

Über den nervösen Charakter
Band 6174

Der Sinn des Lebens
Band 6179

Psychotherapie und Erziehung
Ausgewählte Aufsätze
Band 1: 1919–1929
Band 6746

Individualpsychologie in der Schule
Band 6199

Heilen und Bilden
Band 6220

Praxis und Theorie der Individualpsychologie
Band 6236

Die Technik der Individualpsychologie
Teil 1: Die Kunst, eine Lebens- und Krankengeschichte zu lesen
Band 6260
Teil 2: Die Seele des schwererziehbaren Schulkindes
Band 6261

Kindererziehung
Band 6311

Das Problem der Homosexualität und sexueller Perversionen
Band 6337

Studie über die Minderwertigkeit von Organen
Band 6349

Lebenskenntnis
Band 6392

Das Leben gestalten
Band 6393

Neurosen
Band 6735

Wozu leben wir?
Band 6708

Alfred Adler/Ernst Jahn
Religion und Individualpsychologie
Band 6283

Fischer Taschenbuch Verlag

Sigmund Freud
Das Motiv der Kästchenwahl
Faksimileausgabe

Mit einem Nachwort von Heinz Politzer
Herausgegeben von Ilse Grubrich-Simitis
Einmalige Auflage 1977. 64 Seiten und 16 Seiten Transkription

»Zwei Szenen aus Shakespeare, eine heitere und eine tragische, haben mir kürzlich den Anlaß zu einer kleinen Problemstellung und Lösung gegeben.« Mit diesem einfachen Satz beginnt Freud seinen meisterhaften literarischen Essay, der jetzt als vollständiges Faksimile vorliegt. Die heitere Szene ist die Wahl der Freier der Porzia zwischen drei Kästchen im ›Kaufmann von Venedig‹, die tragische die Szene im ›König Lear‹, in der Lear das Reich unter seine drei Töchter aufteilt. Die Porzia-Szene gab dem Essay den Titel, den Schwerpunkt aber legt Freud auf die Problematik des Lear. Was haben die drei Frauen zu bedeuten, zwischen denen er zu wählen hat? Und warum muß die Wahl auf die dritte, die Cordelia, fallen? Um diese Frage zu beantworten, verläßt Freud die Dichtung und zeigt die Verankerung der Dreierwahl im Mythos. Was haben Menschen ganz verschiedener Kulturkreise mit diesem Motiv zu bewältigen, zu verbergen versucht? In einer Serie von Deutungsschritten, in der Freud Mythos und Dichtung nach psychischen Abwehrmechanismen abklopft, gibt er die Lösung: Es geht um die Auseinandersetzung mit dem Tod. Was als Naturgesetz jedes Menschen Leben beendet, wird zur »Wahl« verharmlost, was der Tod bzw. die Todesgöttin ist, erscheint als die begehrenswerteste Frau, die Liebesgöttin. Doch Shakespeare hebt am Ende des ›Lear‹ die Entstellung auf. Und Freud schließt: »Ewige Weisheit im Gewande des uralten Mythus rät dem alten Manne, der Liebe zu entsagen, den Tod zu wählen, sich mit der Notwendigkeit des Sterbens zu befreunden.«
In seinem Nachwort untersucht Heinz Politzer den biographischen Hintergrund für die Entstehung der Arbeit. – Das Faksimile ist, mehrfarbig, im Originalformat der von Freud benutzten großen Bogen reproduziert. Die Edition enthält ferner eine Transkription sowie Hinweise von Ilse Grubrich-Simitis auf Freuds Schreibgewohnheiten.